엑스클레이브

Exclave

엑스클레이브

Exclave

| 김영덕 엮음 |

Contents

월경지와 위요지

월경지(越境地, exclave)는 특정 국가나 특정 행정구역에 속하면서 본토와는 떨어져, 주위를 다른 국가나 다른 행정구역 등이 둘러싼 격리된 지역을 말합니다. 해당 지역이 독립된 정체政體를 형성하는 경우에는 월경지라고 하지 않습니다. 월경지는 국가 간에도 존재하고 각 국가 내의 행정구역 간에도 존재합니다.

이에 반해 위요지(圍繞地, enclave)는 특정 국가나 특정 행정구역이 다른 국가나 다른 행정구역에 완전히 둘러싸여 있는 경우를 말합니다.

월경지와 위요지가 무엇인지 다음의 그림을 이용하여 설명하여 보겠습니다. 그림에서 A와 B는 별개의 국가이며, a는 A국의 영토에 해당합니다. 이 경우 a는 B국을 통하지 않고는 A국의 어느 곳에서도 육로로 갈 수 없습니다. 이러한 경우 a를 A국의 월경지라고 하는 것입니다.

그런데 a는 B국의 영토를 통해서만 접근할 수 있을 뿐 다른 방법으로는 접근이 불가능합니다. 그 이유는 a가 B국에 완전히 둘러싸여 있기 때문입니다. 이렇게 다른 단 하나의 국가에 완전히 둘러싸여 있는 a를 위요지라고 합니다. 결론적으로 a는 A국의 월경지인 동시에 위요지인 것입니다.

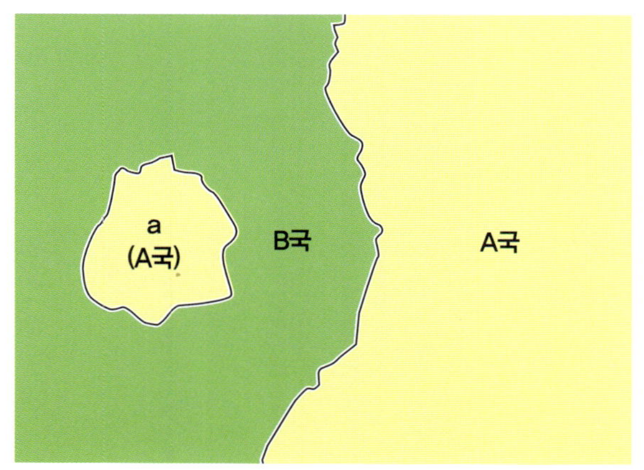

월경지인 동시에
위요지인 경우

다음의 그림에서 A와 B 및 C는 별개의 국가이며, a는 A국의 영토에 해당합니다. 이 경우 a는 A국의 어느 곳에서도 육로로 갈 수 없으므로 a는 A국의 월경지에 해당합니다.

그런데 a는 B국의 영토를 통해서만 접근할 수 있는 것이 아니라 C국의 영토를 통해서도 접근할 수 있습니다. 따라서 a는 다른 단 하나의 국가에 의해서 완전히 둘러싸여 있는 것은 아니므로 위요지가 될 수 없습니다. 결론적으로 a는 A국의 월경지이기는 하지만 위요지는 아닌 것입니다.

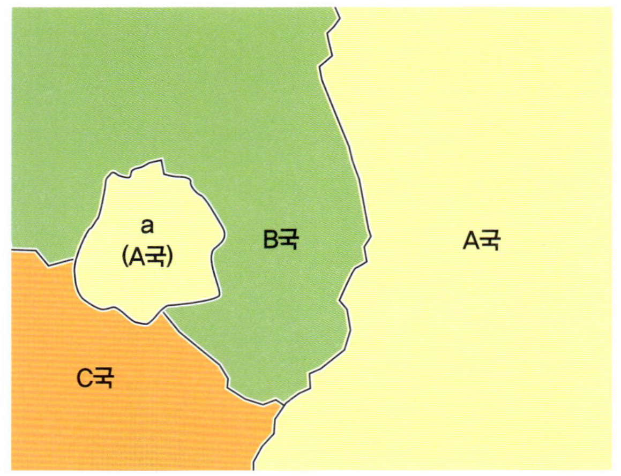

월경지이지만
위요지는 아닌 경우

한편, 다음의 그림에서 A와 B는 별도의 국가입니다. A국은 다른 영토가 존재하지 않는 본토에 해당합니다. 이렇게 독립된 정체를 형성하면서 다른 국가에 둘러싸인 경우에는 월경지는 아니지만 위요지에는 해당합니다. 따라서 A국은 다른 단 하나의 국가에 둘러싸여 있으므로 위요지에 해당합니다.

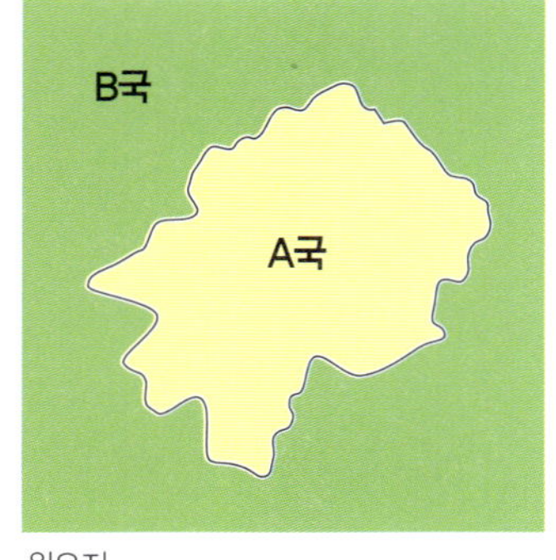

위요지

엄격한 의미로 볼 때는 월경지라고 할 수 없으나 실질적인 목적에서 월경지로 분류할 수 있는 것을 실질적 월경지practical exclaves 또는 유사 월경지pene–exclaves 라고 합니다. 실질적 월경지란 육로로는 접근 할 수 없으나 배를 통해서는 접근할 수 있는 경우를 말합니다. 실질적 월경지를 이렇게 정의하면 모든 섬은 실질적 월경지로 분류될 수 있기 때문에, 실

우리나라의 월경지 (Ⅰ)-
대구광역시 달성군
다사읍과 하빈면

질적 월경지가 되기 위해서는 다른 국가나 행정구역을 통해서는 육로로 접근하는 것이 가능하여야 합니다.

우리나라의 경우 월경지의 예로는 대구광역시 달성군과 전라북도 완주군을 들 수 있습니다. 달성군의 다사읍과 하빈면은 1981년 7월 1일에 경상북도 달성군 월배읍, 성서읍이 대구광역시에 편입되면서 월경지가 되었습니다. 1995년에 달성군이 대구광역시에 편입되었으나 다사읍과 하빈면은 여전히 월경지입니다.

달성군 중 큰 지역을 본토라고 한다면 달성군의 다사읍과 하빈면은 본토에서 경상북도 고령군이나 대구광역시 달서구를 거치지 않고는 육로로 접근 할 수 없습니다. 따라서 달성군 다사읍과 하빈면은 월경지에 해당합니다.

우리나라의 월경지 (Ⅱ)–
전라북도 완주군 이서면

또 다른 예로 전라북도 완주군 이서면을 들 수 있습니다. 완주군 이서면은 전주시와 김제시에 둘러싸여 있습니다. 1987년 완주군 조촌읍이 전주시로 편입되면서 월경지가 되었습니다.

분리된 완주군 중 큰 지역을 본토라고 한다면 완주군 이서면은 본토에서 전주시나 김제시를 거치지 않고는 육로로 접근 할 수 없습니다. 따라서 완주군 이서면은 월경지에 해당합니다.

위요지의 예로는 서울특별시와 광주광역시를 들 수 있습니다. 서울특별시는 경기도에 완전히 둘러싸여 있고, 광주광역시는 전라남도에 완전히 둘러싸여 있으므로 위요지가 되는 것입니다. 대구광역시는 경계의 일부가 경상남도에 접해 있어 완전히 경상북도에 둘러싸여 있지 않으므로 위요지가 될 수 없습니다.

우리나라의 실질적 월경지-
인천광역시 강화군

실질적 월경지의 예로는 인천광역시 강화군을 들 수 있습니다. 인천광역시 본토에서 육로를 이용하여 강화군으로 가기 위해서는 반드시 경기도 김포시를 거쳐야만 합니다. 따라서 육로로는 강화군으로 가는 방법이 없습니다. 강화군은 섬이므로 김포시에서도 교량을 이용하여야 하므로 엄격하게는 월경지가 아니라고도 생각할 수 있지만 이러한 경우에도 월경지로 봅니다. 다만, 선박을 이용하여 바다로 접근하는 방법이 있으므로 실질적 월경지에 해당하는 것입니다. 선박으로도 갈 수 없다면 월경지가 된다는 것은 이제 아실 것이라고 생각됩니다.

이제 월경지와 위요지 및 실질적 월경지의 차이를 이해하셨을 것입니다. 이제부터 'Exclave : 월경지와 위요지에 관한 이야기'를 본격적으로 시작하겠습니다.

Campione d'Italia

Exclave 01

캄피오네 디탈리아

면적 1.6㎢ **인구** 2,201명(2007년 기준) **언어** 이탈리아어

캄피오네 디탈리아Campione d' Italia는 이탈리아 롬바르디아Lombardia 주 코모현에 속하는 자치 단체입니다. 캄피오네 디탈리아가 특이한 것은 이탈리아 영토 내에 있지 않다는 것입니다. 캄피오네 디탈리아는 스위스 티치노Ticino 주 영내에 있는 이탈리아의 월경지이자 위요지입니다.

캄피오네
디탈리아의 위치

이탈리아 롬바르디아 주 이탈리아의 롬바르디아Lombardia 주는 이탈리아 북부에 위치한 주로, 면적은 23,861km², 인구는 985만명(2010년 기준)입니다. 이탈리아는 모두 20개의 주로 구성되어 있는데, 그 중 롬바르디아 주는 면적으로 볼때 4번째에 해당하는 큰 주입니다. 롬바르디아 주 북쪽에는 알프스 산맥이 있으며 남쪽에는 이탈리아 최대의 곡창 지대인 롬바르디아 평원이 펼쳐져 있습니다.

롬바르드 왕국 롬바르디아 주는 민족대이동migration period[1] 때, 그곳에 침입한 롬바르드 족의 이름에서 비롯되었습니다. 롬바르드 족은 원래 도나

[1] 민족대이동은 4세기 경부터 6세기 경에 걸쳐 게르만 족 및 관련 여러 민족이 서유럽과 남유럽 방면으로 이동한 사건을 말합니다. 보다 넓게는 노르만 족이 이동했던 11세기 경까지 포함시키기도 합니다.

우Donau 강[2] 연안에 살던 게르만 족의 일파로 568년에 알보인 왕의 지휘아래 비잔티움 제국[3]의 영토인 이탈리아를 침공하여 롬바르디아 지방에 롬바르드 왕국을 건설하였습니다.

이후 롬바르드 왕국은 남쪽으로까지 세력을 확대하여 이탈리아 반도 남단의 스포레토 지방과 베네벤토 지방까지 지배하게 됩니다. 롬바르드 왕국은 774년 프랑크 왕국의 샤를마뉴 대제에게 패하여 프랑크 왕국에 병합되었습니다.

밀라노

롬바르디아 주의 주도는 밀라노Milano이며, 밀라노는 이탈리아 북부의 최대 도시로 롬바르디아 평원에 위치하고 있습니다. 밀라노 시의 인구는 132만명(2010년 기준)이며, 광역 도시권 내에는 740만명이 거주하고 있습니다.

밀라노 시내 인구는 이탈리아에서 수도 로마 다음으로 많으며, 광역 도시권 인구는 로마를 훨씬 초과하여 이탈리아 최대의 대도시권을 형성하고 있습니다.

로마가 이탈리아의 행정 수도라면 밀라노는 이탈리아의 경제 수도라고 할 수 있습니다. 이탈리아 최대의 주식 시장, 주요 은행의 본점, 여러 대기업의 본사가 집중되어 있습니다. 특히 프라다Prada ,구찌Gucci, 베르사체Versace, 아르마니Armani, 돌체앤가바나Dolce&Gabbana 등 세계적

[2] 독일 남부의 산지에서 발원하여 흑해로 흘러드는 국제 하천으로 러시아의 볼가 강에 이어 유럽에서는 두번째로 긴 강으로 길이가 2,850km에 달합니다. 유럽의 주요 강 중에서 유일하게 서에서 동으로 흐르는 강입니다.

[3] 로마 황제 테오도시우스 1세의 사망 이후 분열된 중세 로마 제국 중 동로마 제국을 말합니다.

롬바르드 왕국과 비잔티움 제국

인 패션 명품 기업들의 본사가 위치해 있습니다.

밀라노는 매우 유서 깊은 도시로 많은 문화재와 문화 시설이 있어 관광의 중심지이기도 합니다. 1805년 나폴레옹이 이탈리아 왕으로 즉위할 때 즉위 장소로 사용했던 밀라노 대성당Duomo di Milano과 오페라 극장인 라 스칼라 극장Teatro alla Scala이 특히 유명합니다.

한편, 밀라노는 세계적으로 유명한 축구팀인 AC 밀란과 FC 인테르나치오날레(인터 밀란)의 연고지이기도 합니다. 이 두 팀 간의 경기는 특별히 '데르비 델라 마돈니아'Derby della Madonnina라고 부릅니다.

스위스 티치노 주

스위스의 티치노Ticino[4] 주는 스위스 남부에 있는 주로 면적은 2,812km², 인구는 34만명(2009년 기준)입니다. 티치노 주는 그라우뷘덴Graubünden주와 함께 이탈리아어를 공용어로 사용하는 주 입니다.

티치노 주는 스위스가 밀라노 공국Ducato di Milano[5]과의 전투에서 승리하면서 스위스가 점령한 지역입니다. 이러한 역사적인 배경으로 인하여 대부분의 주민들은 이탈리아어를 사용합니다.[6]

16세기에 다른 나라들로부터 스위스에 속하는 것으로 인정받았고, 1798년 헬베티아 공화국[7] 성립과 함께 벨린초나 주와 루가노 주가 형성되었습니다. 이 들 두 주는 1803년 스위스 연방에 가입하면서 티치노 주로 통합됩니다. 초기에는 벨린초나Bellinzona, 루가노Lugano, 로카르노Locarno[8]의 3개 도시가 번갈아가며 주도를 맡았으나 1878년 이후에는 벨린초나가 주도로 정착되었습니다.

티치노 주는 스위스 중남부의 이탈리아 국경을 사이로 돌출한 지역에 위치하고 있습니다. 알프스 산맥 남쪽에 위치하며, 주 남부의 저지대는 루가노 호를 비롯한 호수의 영향으

[4] 스위스는 모두 26개의 주로 이루어져 있는데, 스위스에서는 주를 칸톤(Kanton)이라고 합니다.

[5] 이탈리아 북부의 도시 밀라노를 중심으로 1395년부터 1797년까지 존속했던 도시국가를 말합니다.

[6] 스위스의 대부분 지역에서는 독일어를 공용어로 사용하지만 서부 지역은 프랑스어, 남부 일부 지역은 이탈리아어를 각각 공용어로 사용하고 있습니다.

[7] 1798년 스위스에서 창설된 공화국으로 헬베티 족의 이름에서 따온 것으로, 헬베티(Helvetii) 족은 현재 스위스와 남부 독일에 살던 갈리아 부족 중의 하나입니다. 참고로 스위스 연방의 정식 명칭은 라틴어로 헬베티카 연방(Confoederatio Helvetica)입니다.

[8] 1946년부터 매년 8월경 국제영화제가 개최되고 있습니다. 우리나라는 1989년 배용균 감독의 '달마가 동쪽으로 간 까닭은'이 대상인 금표범상을 수상하였으며 2001년 영화배우 김호정이 '나비'로 최우수 여우주연상인 청동표범상을 수상하였습니다.

로 스위스에서는 겨울이 가장 따뜻한 지역에 속합니다.

캄피오네 디탈리아

기원전 로마인들은 헬베티 족들의 침입을 막기 위하여 캄피오네에 마을을 건설하였습니다. 캄피오네 디탈리아가 이탈리아의 월경지가 된 이유에 대해서는 다음의 2가지 설명이 가장 유력합니다.

한 가지 설명은 1798년 티치노 주민들이 스위스 연맹의 일부가 되기로 선택할 당시 캄피오네의 주민들이 롬바르디아의 일부가 되기로 하였다는 것입니다. 따라서 나중에 롬바르디아가 이탈리아 왕국에 의해 병합될 때 캄피오네는 자동적으로 이탈리아의 영토가 되었다는 것입니다.

또 다른 한 가지 설명은 현재의 캄피오네 지역을 소유하던 사람이 밀라노 장인craftsman들에 대한 감사의 표시로 밀라노의 산 암브로지오San Ambrogio 교회에 이 지역을 기증하였기 때문에 이탈리아의 영토가 되었다는 것입니다.

디탈리아라는 명칭은 이탈리아 총리 베니토 무솔리니(Benito Mussolini, 1883년-1945년)[9]가 원래의 명칭에 추가로 붙인 것이라고 합니다.

캄피오네 디탈리아는 스위스의 티치노 주에 속하는 루가노 호Lake Lugano[10]에 위치해 있습니다. 캄피오네 디탈리아에는 이탈리아 국영 카지노가 있으며 인접한 스위스의 다른 카지노들과 달리 베팅에 제한이 없습니다.

9 이탈리아의 정치인으로 국가 파시스트당을 설립하였고 1922년 이후 이탈리아 왕국의 국무총리였습니다.

10 루가노 호는 스위스와 이탈리아의 국경 부근에 위치한 호수로 면적은 약 49km²입니다. 루가노 호의 중앙 부분은 스위스의 티치노 주에 속하고, 북동부 끝과 남서부 끝은 이탈리아의 롬바르디아 주에 속합니다.

San Marino

Exclave 02

산마리노

면적 61㎢ **인구** 3만명(2010년 기준) **언어** 이탈리아어

산마리노San Marino는 이탈리아 영토에 둘러싸인 국가로 이탈리아 중부 에밀리아로마냐Emilia – Romagna 주와 마르케Marche 주 사이에 있습니다.

산마리노의 위치

역 사 산마리노가 형성된 시기는 4세기 초까지 거슬러 올라갑니다. 301년 성 마리누스St. Marinus와 기독교도들은 디오클레티아누스 황제[1]의 기독교 박해를 피해 티타노 산(Titano, 739m)에 은신하며 신앙 공동체를 만들었습니다. 이 신앙 공동체가 나중에 발전하여 산마리노가 되었다고 합니다.

산마리노는 고립된 위치와 산의 요새 덕택에 이웃한 주교들과 영주들의 침범에도 불구하고 오랜 기간 독립을 유지할 수 있었습니다. 근처의 항구도시인 리미니를 지배하던 말

[1] 로마 제국의 제45대 황제로 로마 제국에서 기독교를 가장 강력하게 박해한 황제로 알려져 있습니다. 로마 제국의 기독교 탄압은 다음 황제인 콘스탄티누스 대제의 313년 밀라노 칙령으로 종료되게 됩니다.

라테스타 가문의 공격을 막기 위하여 몬테펠트로 가문[2]의 보호령이 되기도 했습니다.

1503년 산마리노는 이탈리아의 전제 군주 체사레 보르자(Cesare Borgia, 1475년-1507년)[3]에 의해 일시적으로 점령되기도 하였지만, 1631년에는 로마 교황의 승인을 받아 독립 국가의 모습을 갖추게 되었습니다. 1815년 나폴레옹 전쟁의 결과를 수습하기 위해 열린 빈 회의der Wiener Kongress[4]에서는 산마리노의 독립적인 지위가 인정되었습니다.

19세기 이탈리아의 통일 기간에 산마리노는 주세페 가리발디(Giuseppe Garibaldi, 1807년-1882년)[5]를 비롯한 혁명가들에게 피난처를 제공하기도 하였습니다. 이탈리아가 통일된 이후에는 일련의 조약들을 통해 독립을 승인받았습니다.

제1차 세계 대전 때는 오스트리아-헝가리에 선전 포고를 했으나 전쟁에 참가하지는 않았습니다. 제2차 세계 대전 때는 철저히 중립을 지켰으나, 독일군과 연합군에 잇따라 점령되기도 하였습니다.

2 12세기부터 이탈리아 중부에 위치한 우르비노(Urbino)를 통치했던 가문을 말합니다. 우르비노는 현재 이탈리아의 마르케 주에 있으며, 산마리노 남쪽에 위치해 있습니다.

3 르네상스 시대 이탈리아의 전제 군주이며 전직 추기경으로 교황 알렉산데르 6세의 사생아입니다. 그는 권모(權謀)와 냉혹한 수단으로 이탈리아 통일을 꾀하였으나 실패하였습니다. '군주론'를 저술한 마키아벨리는 체사레 보르자를 이상적인 전제 군주로 묘사하였습니다.

4 나폴레옹 전쟁 이후 유럽 재편을 논의한 국제회의로 나폴레옹의 첫 번째 퇴위 후 인 1814년 9월에 시작하여 워털루 전투와 나폴레옹의 백일천하가 끝나기 직전인 1815년 6월에 종료되었습니다.

5 이탈리아 통일을 위해 싸운 군인이자 공화주의자입니다. 게릴라 부대 '붉은 셔츠대'를 이끌고 시칠리아와 나폴리를 정복함으로써 이탈리아가 사보이 왕가를 중심으로 통일을 이룩하는 데 이바지하였습니다.

산마리노

산마리노는 북동쪽에서 남서쪽 방향으로 최장 길이가 13km인 불규칙한 직사각형 모양을 이루고 있으며 산마리노 강이 이 나라를 가로지르고 있습니다. 거대한 석회암 덩어리인 티타노 산이 중심을 이루는데 남서쪽에는 이 산으로부터 구릉들이 펼쳐져 있는 반면, 북동쪽 지역은 로마냐 평야와 아드리아 해를 향해 완만한 경사가 있습니다.

관광은 산마리노의 최대 산업으로 국내 총생산의 절반가량을 차지합니다. 관광 이외의 주된 수입원은 우표, 와인, 치즈, 도자기 및 공예품 판매입니다.

산마리노는 육로로만 접근이 가능한데, 동쪽으로 약 20km 정도 떨어져 있는 도시인 리미니Rimini[6]가 바깥 세계와 산마리노를 이어주는 역할을 합니다.

1600년에 제정된 법을 기초로 한 산마리노 헌법은 고대 로마 공화국의 전통을 이은 집정관Capitani Reggenti이 이끄는 회의제 정부를 구성하도록 규정하고 있습니다. 국가원수는 집정관 2인이 맡고 있으며 6개월마다 교체됩니다. 산마리노의 집정관 제도는 1243년 고대 로마 공화정 시대의 집정관에서 유래하였으며, 현재 산마리노는 집정관이 국가원수로 있는 세계에서 유일한 국가입니다.

[6] 이탈리아 북부 에밀리아로마냐 주에 있는 도시로 티타노 산과 산마리노 공화국에서 북동쪽에 있는 아드리아 해의 리비에라델솔레로 마레키아 강이 흘러드는 곳에 위치하고 있습니다.

Exclave 03

Seborga

세보르가

면적 4.9㎢ **인구** 316명(2009년 기준) **언어** 이탈리아어, 프랑스어

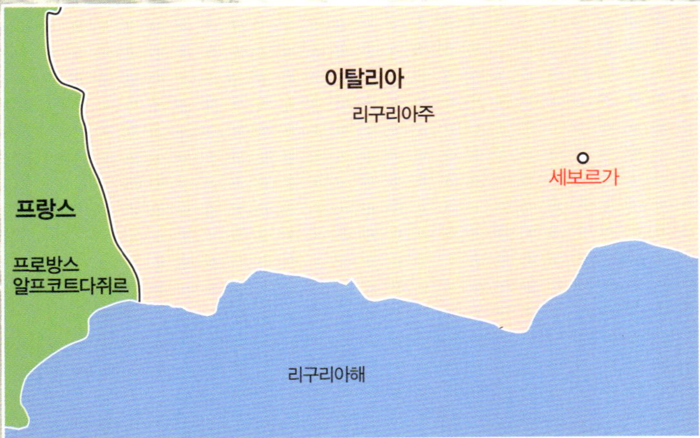

세보르가Seborga는 이탈리아 북부 리구리아Liguria 주에 속해 있는 공국으로 프랑스 국경 근처에 있습니다.

세보르가의 위치

역 사 954년 벤티밀리아 백작counts of Ventimiglia은 세보르가 지역을 레리노 수도사들에게 양도하고, 수도사들은 그곳에 시토 수도원Cistercian monastery[1]을 설립합니다. 1079년 시토 수도원장은 신성 로마 제국의 군주로 임명되고 세보르가 공국의 통치자로 인정받습니다.

[1] 시토 수도회는 1098년 베네딕토 수도회의 몰렘 수도원 원장 로베르투스(Robertus)가 수도회의 엄격하지 않은 회칙 적용에 불만을 품고 베네딕토 회칙의 엄수에 뜻을 같이하는 수사 20명과 함께 원시 수도회 제도의 복귀를 목표로 창설한 혁신적인 수도회입니다. 수도회의 명칭은 프랑스의 디종 근처 시토의 수도원에서 연유되었습니다.

이후 세보르가 공국은 임시 영주들에 의해 수세기 동안 통치되다가 1729년 사보이 왕가Savoy dynasty[2]가 지배하는 피에몬테 사르데냐 왕국kingdom of Piedmont-Sardinia에 매각되었습니다.

1815년 나폴레옹 전쟁의 결과를 수습하기 위해 열린 빈 회의에서도 독립국으로서의 세보르가 공국은 언급되지 못하게 됩니다. 이후 세보르가 공국은 1861년부터 1870년까지 10년에 걸친 이탈리아 통일 과정에서 이탈리아 왕국에 병합됩니다.

1963년 조르지오 카르보네(Giorgio Carbone, 1936년–2009년)는 주민들에 의해 세보르가 공국의 군주로 선출되었으며, 조르지오 1세(Giorgio I, 재위 1963년–2009년)로 즉위하게 됩니다.

1995년 세보르가 공국의 조르지오 1세는 이탈리아로부터 독립을 선언하였습니다.[3] 그러나 이탈리아는 이 나라를 공식적인 국가로 인정하지 않고 있으며, 다만 이러한 나라가 존재한다는 점만 인정하고 있습니다.

❷ 11세기 사보이 백작으로 임명된 움베르토 비안카마노를 시조로 하는 이탈리아의 왕가로 지금의 프랑스령 사부아(사보이)에서 점차 알프스 이남의 이탈리아 쪽으로 세력을 뻗쳐 마침내 피에몬테까지 영역을 확대하여 사보이 공국을 형성하였습니다. 이후 비토리오 에마누엘레 2세는 1861년 분열된 이탈리아를 통일하여 통일 이탈리아 왕국을 건설하였습니다. 1946년 이탈리아에서는 군주제 유지 찬반 투표의 결과로 왕정이 폐지되고, 이탈리아 공화국이 선포된 후 사보이 왕가의 남자 후손들은 파시스트를 막지 못했다는 죄를 물어 재산을 몰수당하고 국외로 추방당하였습니다. 이탈리아는 1997년이 되어서야 이들의 입국을 허가하였습니다.

❸ 이탈리아로부터의 독립에 대한 비공식적인 주민투표에서 세보르가 주민 중 304명은 찬성하고 4명은 반대하였습니다.

독립국의 증거 세보르가 공국이 독립 국가에 해당하는지에 대한 증거들은 여러 가지가 있습니다. 독립 국가에 대한 증거들은 다음과 같습니다.

① 사르데냐 왕국에의 매각 서류에 통치자의 서명이 없으므로 매각 자체가 법적으로 불분명합니다.

② 이탈리아 왕국에 병합된 당시 이탈리아 왕국의 자산 명단에는 세보르가 공국이 포함되어 있지 않습니다.

③ 영국 역사가들은 세보르가 공국을 세계에서 첫 번째 헌법상의 군주국 마을로 간주하고 있으며, 국제 인권 전문가들 또한 세보르가 공국이 이탈리아 공화국의 완전한 부분으로 여겨질 수 없다며 별도의 독립국이라는 주장을 지지하고 있습니다.

④ 베를린에서 발견된 1934년 공식 문서에 의하면 베니토 무솔리니Benito Mussolini는 '세보르가 공국은 이탈리아에 귀속되지 않았다' 라고 선언하였습니다.

이탈리아와의 관계 이탈리아와 국제기구들은 세보르가를 산마리노나 바티칸시국과는 달리 이탈리아의 일부로 간주하고 있습니다. 게다가 공국이라는 명칭은 상징적인 가치만을 갖고 있기 때문에 세보르가 공국과 이탈리아 정부 간에는 어떠한 긴장도 없습니다.

공권력, 사회 보장, 통신, 교육 및 모든 공공 서비스는 이탈리아의 다른 지역과 동일하게 세보르가 공국에도 제공되고 있습니다. 이에 따라 세보르가 공국의 주민들은 이탈리아 정부에 세금도 납부하고 이탈리아 선거에도 참여하는 등 이탈리아인으로서 생활하고 있습니다.[4]

[4] 예를 들어 2001년에 실시된 이탈리아 상원의원 선거에서 세보르가 주민의 투표율은 84.21%에 달하였습니다.

환 경

세보르가는 올리브나무와 소나무 그리고 밤나무가 큰 대지를 이루며 경작되는 지중해성 초목지대가 있는 작은 암반 마을입니다.

세보르가의 주된 수입은 안개꽃과 올리브유 수출로 인한 것이지만 독립을 선언한 이후에는 세보르가가 독립 국가였다는 사실이 알려지면서 관광객들이 몰려 관광업이 제2의 수입원이 되고 있습니다.

세보르가 공국의 공식 화폐는 유로화이지만 1994년부터 1996년 사이에 발행된 루이지노Luigino라는 별도의 화폐도 공국 내에서는 사용되고 있습니다. 1루이지노는 미국 화폐 6달러의 가치를 갖고 있는 세계에서 가장 비싼 통화입니다. 루이지노 화폐가 어느 정도 발행되었는지는 명확하게 알려져 있지 않습니다.

Tips

작위

공국公國이란 군주의 작위가 공작인 나라를 말합니다. 공작은 왕이 아닌 귀족으로, 귀족에는 다음과 같은 다섯 가지 작위가 있습니다.

① **공작**(公爵, duke) : 첫번째 작위로 라틴어 dux에서 온 말이며, 지도자를 뜻합니다.

② **후작**(侯爵, marquis) : 두번째 작위로 프랑스어 marquis에서 온 말이며, 변경marche에서 파생하였습니다.

③ **백작**(伯爵, count) : 세번째 작위로 라틴어 comes에서 온 말이며, 황제의 동료, 황제의 대리자를 뜻합니다.

④ **자작**(子爵, viscount) : 네번째 작위로 라틴어 vicecomes에서 온 말이며, 백작의 대리자를 뜻합니다.

⑤ **남작**(男爵, baron) : 다섯번째 작위로 고대 게르만어 baro에서 온 말이며, 자유인을 뜻합니다.

역사적으로는 공작, 후작, 백작 등의 작위를 가진 군주가 다스리는 여러 독립국가가 존재하였습니다. 공작이 군주인 나라는 공국, 후작이 군주인 나라는 후국, 백작이 군주인 나라로는 백국이라고 합니다. 현재 후작이나 백작이 군주인 나라는 없으며 공작이 군주인 나라는 모나코 공국, 리히텐슈타인 공국이 있습니다.

한편, 공작이 아닌 대공이 군주인 나라도 있습니다. 대공(大公, grand duke)이란 국왕과 공작의 중간 정도에 위치하는 것으로 볼 수 있습니다. 18세기 이전에는 대공국이 많이 존재하였으나 현재는 룩셈부르크만이 유일한 대공국입니다.

Gibraltar

Exclave 04

지브롤터

면적 6.8㎢ **인구** 2만 9천명(2009년 기준) **언어** 영어

지브롤터Gibraltar는 이베리아 반도 남단에서 지브롤터 해협을 향하여 남북으로 길게 뻗어 있는 반도로 영국의 해외 영토이자 자치령입니다.

지브롤터의 위치

역 사 711년 이슬람교도인 타리크 이븐 지야드(Tariq ibn Ziyad, ?—720년 경)[1]는 무어인[2]들을 이끌고 지브롤터를 점령하고, 이곳을 거점으로 하여 이베리아 반도 전역을 점령합니다. 이 때 타리크가 상륙한 지점은 그의 이름을 따서 자발 알 타리크(Jabal al Tariq, 타리크의 언덕)로 명명되었으며, 이 이름은 후에 전와轉訛[3]되어 현재의 지브롤터라는 지명이 되었습니다.

가톨릭 세력은 1492년 이슬람 세력의 마지막 본거지인 그라나다를 함락시키고 이베리아 반도의 마지막 이슬람 왕조인 나스르 왕조를 멸망시킵니다. 이로써 이슬람 세력의 이베리아 반도 지배는 종료되게 됩니다. 1501년 카스티야의 여왕 이사벨 1세는 지브롤터를

1. 이슬람군 북아프리카 총독인 무사 븐 누사이르의 해방 노예로 1만 2천명의 이슬람군을 지휘하여 서고트 왕국의 대군을 격파하고 코르도바, 톨레도 등의 도시를 함락시켰습니다.
2. 8세기경 이베리아 반도를 정복한 이슬람교도를 부르던 용어로 오늘날에는 모로코인은 지칭하는 말로 쓰입니다.
3. 전와란 어떤 말이 본래의 뜻과 달리 전해져 그릇되게 굳어지는 것을 말합니다.

스페인령으로 병합하게 됩니다.[4]

1700년 스페인의 국왕 카를로스 2세가 사망한 후 왕위는 프랑스 국왕 루이 14세의 손자 필리프 공작[5]이 승계하게 됩니다. 이로 인하여 스페인과 프랑스는 하나의 왕국으로 통합될 수 있게 되었습니다. 이를 막기 위하여 신성로마 제국의 황제 레오폴드 1세는 스페인의 왕위계승권을 주장하면서부터 스페인 왕위 계승 전쟁이 발발하게 됩니다.

스페인 왕위 계승 전쟁은 1713년 위트레흐트 조약Treaty of Utrecht[6]의 체결로 종료됩니다. 이 조약으로 인하여 지브롤터는 미노르카Menorca 섬[7]과 함께 영국에 할양되었습니다. 이후 스페인은 지브롤터를 탈환하기 위하여 여러 번 시도하였지만 성공하지 못하였습니다.

1830년 지브롤터는 영국의 직할 식민지가 되며, 1869년 수에즈 운하[8]가 개통되자 지브롤터에 대한 소유권 확보는 영국에게 반드시 필요하게 됩니다. 그 이유는 수에즈 운하의 개통으로 지중해가 동부 아프리카와 남부 아시아의 영국 식민지들로 가는 중요한 통로가 되었기 때문입니다.

4 1501년은 카스티야 왕국과 아라곤 왕국이 합병하여 통합 스페인 왕국이 성립된 이후입니다.

5 스페인 부르봉 왕가의 초대 국왕인 펠리페 5세(1683년-1746년)를 말하며, 현재의 스페인 국왕인 후안 카를로스 1세도 부르봉 왕가에 속합니다.

6 이 조약으로 인하여 영국은 프랑스로부터 북아메리카의 아카디아(현재 캐나다 퀘벡 주 동부지역, 노바스코샤 주, 뉴브런즈윅 주, 뉴펀들랜드 래브라도 주 및 미국의 뉴잉글랜드 지역을 포함하는 프랑스의 옛 식민지를 말함)와 뉴펀들랜드에 관한 권한을 양도받게 됩니다.

7 지중해 발레아레스 제도의 북동쪽에 있는 섬으로 1802년 체결된 아미앵 조약(Treaty of Amiens)으로 스페인에 반환되었습니다.

8 수에즈 운하의 개통으로 아프리카 남단의 아굴라스 곶으로 돌아가지 않고도 유럽에서 아시아로 갈 수 있는 해상 운송로가 확보되었습니다. 수에즈 운하의 길이는 192km로 평탄한 지형 때문에 갑문이 없습니다. 1956년 이집트는 수에즈 운하를 국유화함으로써 소유권을 반환받았습니다.

분 쟁 스페인 정부는 1963년 탈식민화를 위한 유엔특별위원회에 지브롤터의 영유권을 돌려줄 것을 요구하는 안을 상정하였습니다. 이에 따라 영국은 1967년 지브롤터 주민들을 상대로 스페인의 통치를 선택할 것인지 아니면 계속 영국과 긴밀한 관계를 유지할 것인지에 대한 투표를 실시합니다. 투표 결과는 압도적으로 영국의 일부로 남는 것을 지지하는 것으로 나타나게 됩니다.[9]

> [9] 투표 결과는 12,138명 대 49명으로 나타났으며, 이러한 결과가 나온 이유는 지브롤터 주민의 대부분이 영국인이기 때문이었습니다.

이에 따라 1969년 영국은 지브롤터를 위한 새로운 헌법을 제정하고 주민들에게 완전한 자치권을 부여합니다. 이에 대항하여 스페인은 지브롤터에서 무역을 하던 스페인 거류민들과 출퇴근하는 노동자들을 철수시키면서 지브롤터와의 경계 지역을 폐쇄하게 됩니다. 스페인은 1985년이 되어서야 국경 봉쇄를 해제하게 됩니다.

2002년 지브롤터 정부는 영국과 스페인이 지브롤터를 공동으로 지배하는 제안에 대해 주민 투표를 실시합니다. 그러나 이 주민 투표에서도 지브롤터 주민들은 98.48%의 압도적인 비율로 제안을 거부하게 됩니다.

스페인의 안달루시아 지방 지브롤터는 북쪽으로 스페인의 안달루시아Andalucia 지방과 연결되어 있습니다. 안달루시아 지방은 여러 세력의 지배를 받았는데, 기원전 12세기에는 페니키아, 기원전 5세기에는 카르타고, 그리고 그 이후에는 로마 제국의 지배를 받았습니다. 5세기에 와서는 게르만 족의 일파인 반달Vandals 족이 침입하였으며[10], 8세기부터는 수 백년 동안 이슬람의 지배를 받았습니다. 이슬람의 지배는 안달루시아 지방의 건축에 큰 영향을 끼쳤습니다. 안달루시아 지방의 그라나다Granada[11]에는 유네스코에서 지정한 세계 문화 유산인 알람브라 궁전이 있습니다.

알람브라 궁전

알람브라Alhambra 궁전은 스페인의 마지막 이슬람 왕조인 나스르 왕조의 무하마드 1세 알 갈리브가 13세기 후반에 건설을 시작하여 여러 번의 증축과 개수를 거쳐 완성되었습니다. 이 궁전은 변화가 많은 아치, 섬세한 기둥, 벽면 장식 등 모두가 정교하고 치밀하여 '중세 이슬람 문화의 결정체', '이슬람 건축의 최고 걸작' 등의 찬사를 받고 있습니다.

스페인의 작곡가인 타레가(Francisco Tarrega, 1852년－1909년)[12]는 '알람브라 궁전의 추억' 이라는 기타 독주곡을 작곡하였습니다.

헤라클레스의 기둥

지브롤터에는 지브롤터 해협을 마주보며 깍아지를 듯한 지브롤터 바위(Rock of Gibraltar, 425m)가 서 있고, 이 바위의 북부는 낮고 평평한 모래톱으로 되어 있습니다. 지브롤터 바위는 헤라클레스의 기둥Pillars of Hercules의 북쪽 부분을 말하며, 헤라클레스의 기둥 남쪽 부분은 뚜렷한 역사적인 증거가 남아 있지 않지만 세우타에 있는 몬테 아초Monte Hacho라고 알려져 있습니다.[13]

그리스 신화에 따르면 헤라클레스가 12가지 업業으로 시험받고 있을 때

헤라클레스의 기둥–지브롤터 바위와 세우타의 몬테아초

⑩ 안달루시아라는 지명은 반달 족이 당시에 반달루시아(Vandalusia)라고 부르던 것이 변형된 것입니다.

⑪ 스페인 안달루시아 지방에 위치한 그라나다 주의 주도로, 이슬람 세력의 이베리아 반도에서의 마지막 근거지였으나 1492년 카톨릭 세력에 의해 함락되었습니다.

⑫ 근대 기타연주법의 창시자로 알려져 있습니다.

⑬ 모로코에 있는 에벨 무사라는 주장도 있습니다.

⑭ 헤스페리데스의 동산은 그리스 신화의 여신 헤라의 과수원으로 여기에는 불멸을 가져다 주는 황금 사과가 있는 곳입니다.

헤스페리데스의 동산[14]을 넘어 아틀라스 산맥을 건너가야 했습니다. 헤라클레스는 거대한 산을 오르는 대신 산줄기를 없애버렸는데, 이로 인해 당시 바다를 막고 있던 아틀라스 산맥이 갈라지면서 대서양과 지중해가 생겨났고 그 사이에 조그만 지브롤터 해협이 생겨나게 됐다고 합니다.

지형

지브롤터는 길이 5km, 너비 1.3km이며, 모래가 많은 저지대인 길이 1.6km의 지협을 통해 스페인의 안달루시아 지방과 연결되어 있습니다. 지브롤터는 더 록the Rock으로 알려진 석회암과 이판암의 능선으로 되어 있습니다. 이 능선은 지협으로부터 급격히 솟아 가장 북쪽의 정상인 록 건Rock Gun은 해발 421m에 이르며, 최정상은 426m로 지브롤터의 남단 가까이에 있습니다. 더 록은 바다 쪽으로 가면서 차차 낮아져 유로파 곶Europa

Point에 이르며, 남쪽으로 32km 떨어진 세우타와 지브롤터 해협을 사이로 마주보고 있습니다.

지브롤터에는 샘이나 하천이 전혀 없어 카탈란 만과 샌디 만 위쪽의 0.14km²에 달하는 모래 비탈을 닦아 강우 집수 구역으로 이용하고 있습니다.

바바리 원숭이

지브롤터는 유럽에서 유일하게 바바리 원숭이를 볼 수 있는 곳입니다. 바바리 원숭이Macaca sylvanus는 긴꼬리 원숭이과에 속하는 영장류의 일종이지만 유일하게 꼬리가 짧습니다.

바바리 원숭이는 아프리카 알제리의 아틀라스 산맥과 모로코의 일부 지역에서 발견됩니다. 지브롤터의 바바리 원숭이는 도입종으로 보이며, 유럽에서는 사육되지 않는 유일한 영장류입니다. 바바리 원숭이는 멸종위기등급 7단계 중 5번째 등급인 '취약vulnerable' 등급으로 분류되고 있습니다.

한편, 지브롤터에는 500종이 넘는 작은 화초들이 있으며 그중에 지브롤터 서양말냉이는 더 록에서만 볼 수 있는 꽃입니다.

자 치

지브롤터는 국방만 제외하고는 모든 문제를 자치적으로 해결하고 있습니다. 1981년 지브롤터 주민들에게는 완전한 영국 시민권이 주어졌으며, 또한 18세가 넘은 지브롤터 주민들과 영국 민간인으로 6개월 이상 거주한 자들에게는 선거권이 부여됩니다.

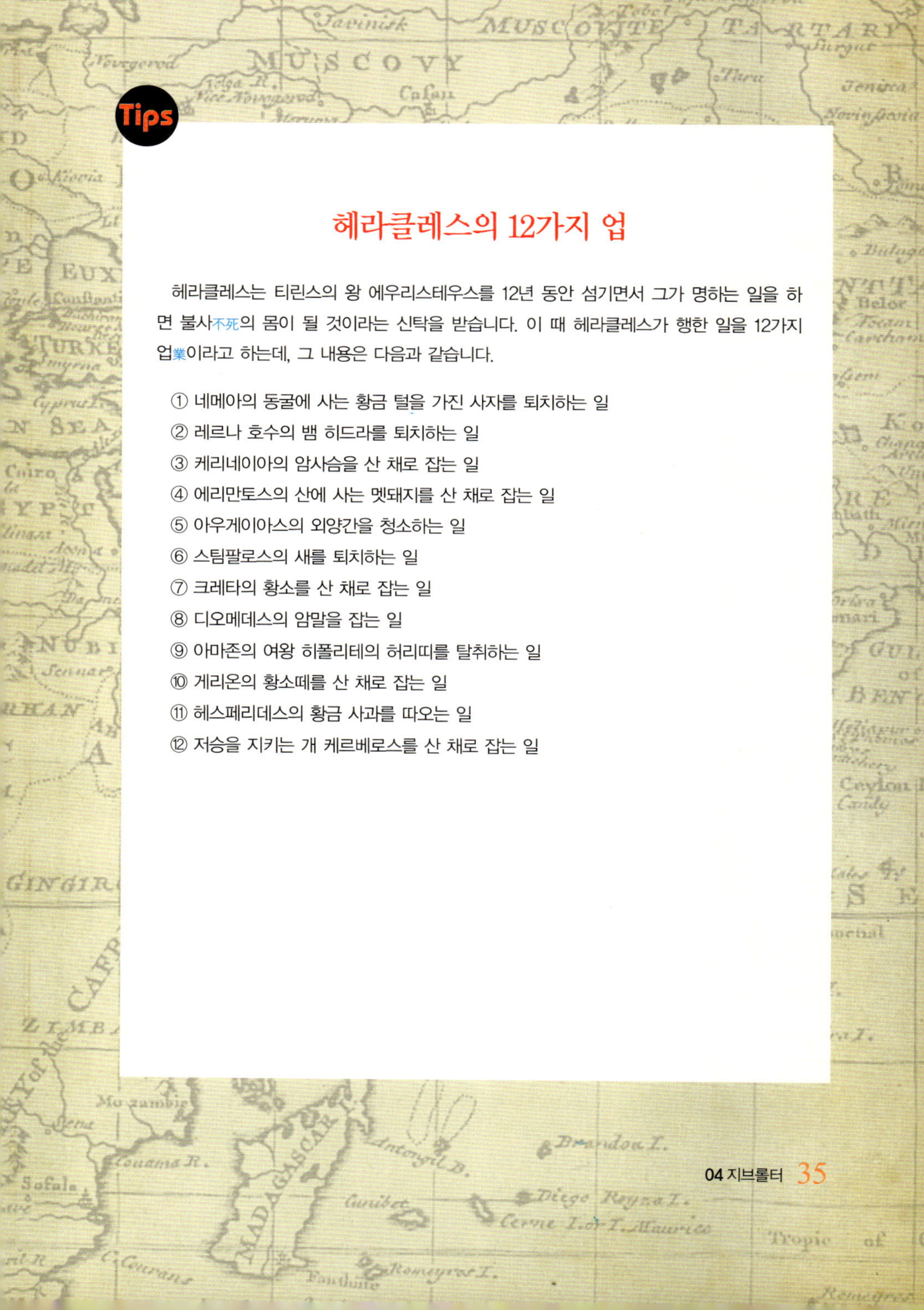

Tips

헤라클레스의 12가지 업

헤라클레스는 티린스의 왕 에우리스테우스를 12년 동안 섬기면서 그가 명하는 일을 하면 불사不死의 몸이 될 것이라는 신탁을 받습니다. 이 때 헤라클레스가 행한 일을 12가지 업業이라고 하는데, 그 내용은 다음과 같습니다.

① 네메아의 동굴에 사는 황금 털을 가진 사자를 퇴치하는 일
② 레르나 호수의 뱀 히드라를 퇴치하는 일
③ 케리네이아의 암사슴을 산 채로 잡는 일
④ 에리만토스의 산에 사는 멧돼지를 산 채로 잡는 일
⑤ 아우게이아스의 외양간을 청소하는 일
⑥ 스팀팔로스의 새를 퇴치하는 일
⑦ 크레타의 황소를 산 채로 잡는 일
⑧ 디오메데스의 암말을 잡는 일
⑨ 아마존의 여왕 히폴리테의 허리띠를 탈취하는 일
⑩ 게리온의 황소떼를 산 채로 잡는 일
⑪ 헤스페리데스의 황금 사과를 따오는 일
⑫ 저승을 지키는 개 케르베로스를 산 채로 잡는 일

Exclave 05

Ceuta, Melilla

세우타와 멜리야

세우타 **면적** 18km^2 **인구** 7만 5천명(2009년 기준)
멜리야 **면적** 12km^2 **인구** 7만 3천명(2009년 기준)

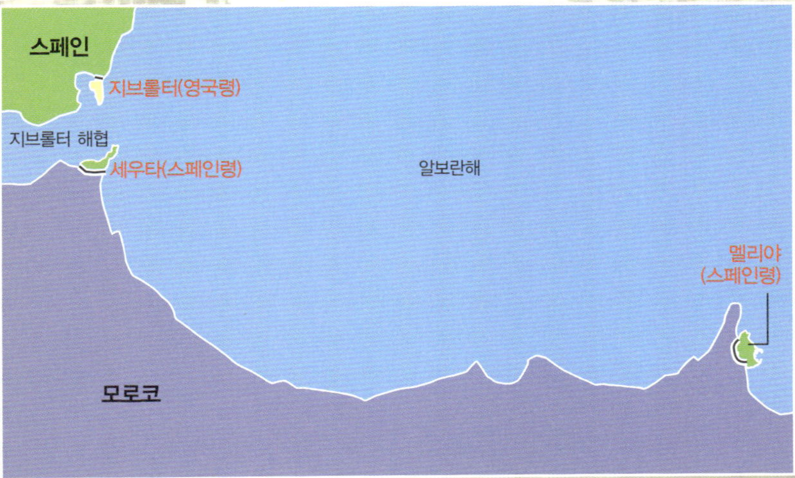

세우타Ceuta는 아프리카 북부, 지브롤터 해협 연안에 있으며, 멜리야Melilla는 모로코 북동부에 있습니다. 이들 도시들은 모두 아프리카에 위치해 있지만 스페인령의 자치도시들입니다. 세우타와 멜리야는 유럽의 국가가 소유한 식민지 중 유일하게 아프리카 본토에 있는 영토입니다.

세우타와 멜리야의 위치

역 사 세우타는 본래 카르타고인의 땅이었으나 로마, 반달, 비잔틴의 지배를 차례로 받았으며, 771년부터는 이슬람의 지배를 받았습니다.

1415년 포르투갈의 엔히크(Henrique, the Navigator, 1394년-1460년) 왕자[1]는 북아프리카 상업의 요충지인 세우타를 공격하여 하루 만에 점령하게 됩니다. 이베리아 반도의 대부분을 이슬람 세력이 점령하고 있던 시절 포르투갈이 북아프리카의 세우타를 점령한 이 사건은 유럽과 아랍 세계에 모두 충격을 주게 됩니다.

엔히크 왕자는 15세기 초부터 17세기 초까지 유럽의 배들이 세계를 돌아다니며 항로를 개척하고 탐험

[1] 포르투갈의 두 번째 왕조인 아비스 왕조를 열었던 주앙1세의 제3왕자입니다.

❷ 일본의 게임회사인 코에이는 1990년 대항해시대를 배경으로 하는 컴퓨터 · 비디오 게임 '대항해시대'를 제작하였습니다.
❸ 희망봉은 남아프리카공화국의 대서양 해변에 있는 암석으로 이루어진 곳으로 아프리카의 최남단으로 알려진 곳입니다. 그러나 아프리카의 최남단은 희망봉에서 동남쪽으로 150km 떨어진 곳에 있는 아굴라스 곶(Cape Agulhas)입니다.
❹ 동군연합은 서로 독립된 2개 이상의 국가가 동일한 군주를 모시는 정치 형태를 말합니다. 현재 영국 연방에 속한 국가들은 모두 영국의 엘리자베스 2세를 국가원수로 하고 있으므로 동군연합이라고 할 수 있습니다.

과 무역을 하던 시기인 대항해시대大航海時代[2]를 열게 됩니다. 대항해시대가 열리면서 세우타는 유럽 열강들의 아프리카 진출 교두보로서 전략적인 요충지가 되었습니다.

포르투갈의 아비스 왕조는 세우타를 근거지로 하여 아프리카 식민 사업을 전개하였으며 희망봉Cape of Good Hope[3]을 돌아 인도로 가는 항로를 개척하였습니다.

1415년 엔히크 왕자가 점령한 이래 세우타는 포르투갈의 지배 하에 있게 됩니다. 1580년 스페인의 펠리페 2세와 포르투갈 왕녀가 결혼을 함으로써 포르투갈의 아비스 왕조는 단절되고 스페인과 포르투갈은 동군연합同君聯合[4]이 됩니다. 그 결과 세우타는 포르투갈령에서 스페인령으로 바뀌게 됩니다.

분 쟁 모로코는 한때 세우타와 멜리야 일대의 여러 소군도에 대해 영유권을 주장하였습니다. 이는 스페인이 지브롤터에 대하여 영유권을 주장하는 것에 대한 맞대응이었습니다. 그러나 스페인 정부는 멜리야가 명백한 스페인의 영토임을 선언하고 모로코의 주장을 전면 부정하였습니다.

세우타 세우타는 지브롤터 해협을 사이에 두고 스페인 남단의 영국령인 지브롤터와 마주보고 있습니다. 세우타라는 지명은 로마인이 '셉템프라트레스(7형제)'로 부르던 것을 아랍인에게는 '사브타'로, 스페인인에게는 '세우타'로 와전되어 생긴 지명이라고 알려져 있습니다.

세우타

세우타는 유럽 연합의 일원이며 스페인이 1986년 유럽 연합에 가입하기 이전부터 자유 항구였습니다. 세우타에는 공항이 없지만 헬리콥터가 정기적으로 운영되어 스페인의 말라가 공항까지 운행되고 있습니다. 북아프리카 주둔 스페인군의 사령부가 있으며, 1936년 스페인 내전 때 프랑코 장군이 반란군을 조직한 곳이기도 합니다.

멜리야 멜리야는 페니키아인이 건설한 도시로 페니키아, 그리스, 로마의 식민통치를 받다가 1497년에는 스페인령이 됩니다. 16세기 이후 모로코가 여러 번 점령하기도 하였지만 1926년 최종적으로 스페인의 영토로 확정되었습니다.

멜리야에는 바다에 접한 지역을 제외한 모로코와의 국경 지역에 12km에 달하는 철조망이 설치되어 있습니다.

멜리야는 아랍풍의 구시가지와 유럽풍의 신시가지로 나누어지며, 주민의 대부분은 스페인인입니다. 성벽으로 둘러싸인 옛 도시는 바다로부터 솟은 거대한 바위 위에 자리 잡고 있으며 신시가지는 모로코 본토의 남쪽과 서쪽으로 뻗어 있습니다.

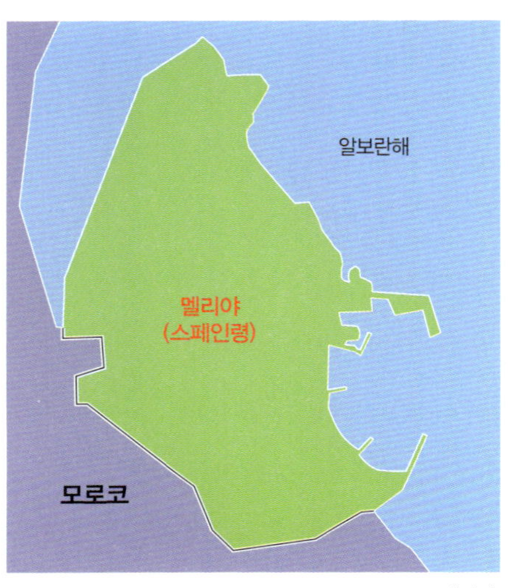

멜리야

페레힐 섬

세우타의 서쪽 모로코 해안에서부터 200m 거리에는 페레힐Perejil이라는 섬 있습니다. 이 섬의 면적은 약 0.13km^2[5]로

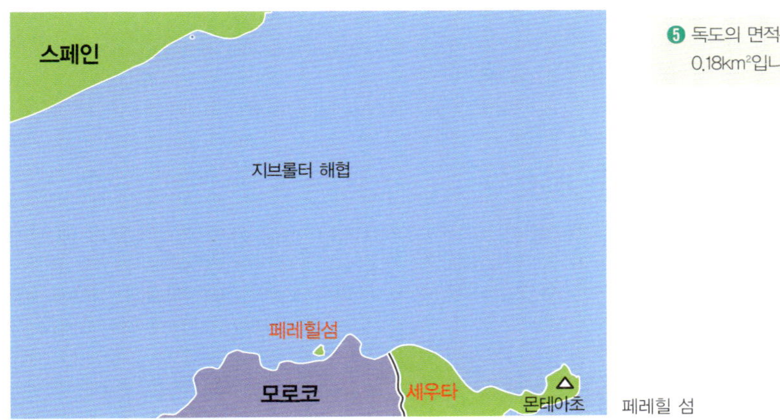

페레힐 섬

[5] 독도의 면적은 약 0.18km^{2}입니다.

사람이 살지 않는 무인도이며, 스페인이 실질적으로 점유하고 있지만 모로코에 의해 영유권이 주장되어져 왔습니다.

2004년 8월 페레힐 섬에 12명의 모로코 군인들이 들어가자 스페인은 군함 4척과 잠수함을 급파하여 섬을 포위하게 됩니다. 스페인이 이처럼 민감한 반응을 보이는 것은 세우타와 멜리야에 대한 모로코의 영유권 주장과 맞물려 있기 때문입니다.

현재 스페인은 페레힐 섬에 대해 모로코와 공유할 수 있다는 보다 유화적인 자세를 취하고 있습니다. 이는 영국령 지브롤터에 대한 영유권 분쟁에 기인한다고 할 수 있습니다.

Exclave 06

Llivia

이비아

면적 12.83㎢ **인구** 1,589명(2009년 기준) **언어** 카탈루냐어, 스페인어

이비아Llivia는 스페인 카탈루냐 지방의 지로나Girona 주에 속해 있는 마을로 프랑스의 레지옹인 랑그도크루시용에 둘러싸여 있는 월경지입니다. 이비아는 스페인 본토와 2km 정도 떨어져 있습니다.

이비아의 위치

카탈루냐 지방

카탈루냐Catalunya 지방은 이베리아 반도 북동부에 있는 스페인의 자치지방으로 면적은 31,950km², 인구는 750만명(2010년 기준)에 이릅니다. 프랑스 국경 내의 카탈루냐델노르트Catalunya del Nord❶도 역사적, 문화적으로 카탈루냐의 일부입니다. 따라서 카탈루냐 지방의 남부지역은 스페인령, 북부지역은 프랑스령이라고 할 수 있습니다.

스페인령 카탈루냐 지방은 바르셀로나 주, 지로나 주, 레리다 주 및 타라고나 주의 4개 주로 구성되어 있습니다. 공용어로는 카탈루냐어와 스페인어를 사용하고 있으며, 공식 문서에서 지명 등의 명칭은 모두 카탈루냐어로 기록됩니다. 카탈루냐 지방의 수도는 1992년 제25회 하계 올림픽을 개최한 바르셀로나입니다.

❶ 이 지역은 현재 프랑스의 레지옹인 랑그도크루시용에 속하는 피레네조리앙탈 데파르망입니다.

이베리아 반도와
카탈루냐 지방

카탈루냐 지방은 5세기에는 고트 족, 712년에는 무어 족, 8세기말에는 프랑크 왕국에 각각 속하였으며, 이후에는 바르셀로나 백작령이 되었습니다. 1137년 바르셀로나의 백작 라몬 베렝게르 4세와 아라곤의 페트로닐라 여왕이 약혼함에 따라 카탈루냐와 아라곤은 하나의 통치권 하에 통합되었습니다. 1410년 바르셀로나 백작 가문에서 남자 혈통이 단절될 때까지 카탈루냐의 세력은 아라곤을 압도하였습니다.

분리 운동

1469년 아라곤의 왕 페르난도와 카스티야의 여왕 이사벨이 결혼함으로써 스페인의 통일이 이루어집니다. 스페인의 통일 이후 카탈루냐의 중요성이 감소했으며, 자치권과 자치 정부를 계속 유지했지만 17세기에 이르러 카스티야와의 갈등이 커지고 스페인 왕권이 실추되면서 처음으로 카탈루냐 분리 운동이 시작되었습니다.

19세기에 카를로스 주의Carlismo[2]가 지지를 얻자 카탈루냐 분리의 요구가 다시 일었으며 특히 1850년대에는 카탈루냐어를 공용어로 채택하기 위한 움직임이 커지면서 분리 운동도 더욱 활발해졌습니다. 그 결과 1913년에는 미약하나마 어느 정도 자치권을 획득하게 되었습니다.

1923년 보수 세력의 지지 하에 무혈 쿠데타로 집권한 프리모 데리베라(Primo de Rivera, 1870년–1930년)[3]는 카탈루냐의 자치권을 박탈하고 카탈루냐의 분리 독립을 요구하는 모든 시위를 강경 진압하였습니다.

이러한 정책의 결과 카탈루냐에는 좌익 연합 정당인 에스케라 레푸블리카나가 생겼으며, 이 연합당은 1931년의 선거에서 압도적으로 승리하게 됩니다. 선거 승리 2일 후 연합당이 카탈루냐 공화국을 선포하게 되자, 스페인 중앙 정부는 타협안으로 1932년 9월 카탈루냐의 자치법을 제정·공표하였습니다.

1936년 2월 좌파 인민 전선이 총선에서 승리하게 되자, 그 해 7월 스페인령 모로코에 머물고 있던 프란시스코 프랑코(Francisco Franco, 1892년–1975년)[4]와 스페인 군부가 반란을 일으키게 되어 스페인 내전이 발발하게 됩니다.

스페인 내전은 독일과 이탈리아의 지원을 받은 프랑코 반란군의 우세로 진행되었습니다. 1937년에는 바스크 북부 지방과 아스투리아스 지방이 반란군에게 점령되었고, 1939년 3월 28일 반란군이 마드리드에 입성하면서 내전이 종료됩니다.

2 전통주의적 성격을 띤 스페인의 정치 운동을 말합니다.
3 1923년 9월부터 1930년 1월까지 스페인을 통치한 독재자입니다.
4 스페인의 군인이자 독재자로 스페인 내전에서 승리하고 정권을 잡습니다. 1947년 실시된 국민투표에서 프랑코 종신섭정제가 결정되어 죽을 때까지 정권을 잡았습니다. 그의 사후 스페인은 왕정으로 복구되었습니다.

문 화 파블로 피카소(Pablo Picasso, 1881년-1973년)는 스페인 내전 당시 나치군이 스페인의 게르니카 지역 일대를 비행기로 폭격하는 참상을 고발하는 '게르니카Guernica'를 그립니다.

어니스트 헤밍웨이(Ernest Hemingway, 1899년-1961년)는 1940년 스페인 내전을 배경으로 하는 소설 '누구를 위하여 종은 울리나?For Whom The Bell Tolls?'를 발표합니다. 이 소설은 1943년 미국 감독 샘 우드에 의해 영화화 되었는데, 잉그리드 버그만과 게리 쿠퍼가 주연을 맡았습니다.

멕시코 출신의 감독 길예르모 델 토로가 2006년 발표한 판타지 영화 '판의 미로Pan's Labyrinth'는 스페인 내전을 배경으로 하고 있습니다.

자 치 1939년 스페인 내전에서 승리한 프랑코는 카탈루냐 민족운동을 심하게 탄압하는 정책을 채택합니다.[5] 카탈루냐 지방은 프랑코가 사망한 이후인 1977년 9월에 제한된 자치권을 부여받게 됩니다. 1979년 카탈루냐는 행정 구역 상 자치 지방으로 설정됨과 동시에 완전한 자치권을 인정받았습니다.[6]

5 스페인 내전 중 카탈루냐 지방은 인민 전선 파의 마지막 거점으로 프랑코 군에 끝까지 저항하였습니다.

6 스페인 정부는 스페인 내의 카탈루냐 지방 및 바스크 지방의 독립요구를 수용하지 않고 있습니다. 이러한 국내적인 문제 때문에 스페인은 세르비아에서 독립을 하려고 하는 코소보를 승인하지 않고 있습니다.

프랑스 피레네조리앙탈 데파르망 이비아는 프랑스의 랑그도크루시용Languedoc–Roussillon 레지옹에 속한 피레네조리앙탈 데파르트망 내에 있습니다. 레지옹region은 프랑스의 지방 행정 구역 단위의 하나로서 자율적인 행정권을 갖고 있는 주 통합 지역을 말합니다. 프랑스 본토에는 22개, 해외에는 4개의 레지옹이 있습니다. 레지옹은 다시 세부적으로 데파르트망departement으로 나누어집니다. 레지옹은 우리나라의 도, 데파르트망은 시나 군에 속한다고 생각할 수 있습니다.

역 사 고대 로마인들은 이비아의 전략적 중요성을 최초로 인식하고 요충지로 삼았습니다. 고대 로마 시대에 이비아는 '율리아 리비카' 라는 이름으로 불렸고 고미술품 거래의 중심지가 되었습니다.

이비아는 카탈루냐 왕국 연합체 가운데 하나인 세르다냐Cerdanya의 수도로서 나름의 중심지 역할을 수행하여 왔습니다. 그러나 중세로 넘어오면서 이러한 기능은 프랑스령 부르마담Bourg–Madame[7]으로 옮겨갔습니다.

세르다냐 지방은 고대부터 중세시대까지 여러 차례 영토 분쟁과 전쟁을 겪었습니다. 1659년 피레네 조약Treaty of the Pyrenees[8]에 따라 세르다냐의 북부 지역에 속하는 33개 마을이 프랑스에 할양되었습니다.

7. 브루마담은 프랑스와 스페인의 국경지에 있는 지역으로 이비아로부터 남서쪽에 위치하고 있습니다.
8. 프랑스와 스페인 사이에 있던 1636년 이래의 전쟁을 종결시킨 평화조약입니다. 이 조약으로 프랑스는 루시옹, 아르투아, 세르다냐 등의 영토를 스페인으로부터 할양받고, 프랑스의 국왕 루이 14세는 스페인의 왕녀 마리아 테레사와 혼인하였습니다. 이 조약으로 프랑스는 부르봉 왕가가 번영하게 되는 기초를 닦았으나 스페인은 국제적인 지위가 상실되었습니다.

이비아는 고대부터 로마가 전략적 요충지로 삼은 곳이므로 그 중요성 때문에 프랑스에게 할양되지 않고 스페인 령으로 남았습니다. 이로 인해 이비아는 스페인의 요새 도시 푸이그세르다로 이어지는 중립 도로와 함께 정치적 고립 지역이 되었습니다. 1939년 스페인 내전이 끝나면서 이비아를 독립국 또는 자치령으로 삼아야 한다는 논의가 있었으나 이루어지지 않았습니다.

환 경

피레네 조약으로 인하여 세르다냐의 북부 지역은 프랑스로 남부 지역은 각각 스페인으로 편입되었습니다. 세르다냐의 총 면적은 1,086km²이며, 2만 6천명이 넘는 주민들이 살고 있는데, 면적과 인구 모두 프랑스와 스페인에 절반의 비율씩 속해 있습니다.[9]

세르다냐는 피레네 산맥[10]의 아름다운 고지 평원을 넓게 차지하고 있어 스키, 하이킹, 등산 등을 비롯한 다양한 스포츠와 휴양을 즐기려는 관광객들이 많이 찾아오고 있습니다. 건조하면서도 연간 내리쬐는 햇빛의 양이 많아 휴양단지 뿐만 아니라 태양열 에너지를 이용한 친환경 시설들도 다량 들어서 있습니다. 스키 리조트로 잘 알려져 있는 국경 마을 퐁트 로뮤 오데요Font-Romeu-Odeillo에는 세계 최대 규모의 첨단 태양 에너지 장치와 관련 연구 시설들이 있습니다.

9 면적으로는 50.3%, 인구로는 53%가 스페인령에 속해 있습니다.

10 유럽 남서부에 있는 산맥으로 프랑스와 스페인의 국경을 이루고 있습니다.

Exclave 07

Principality of Andorra

안도라

면적 467.6㎢ **인구** 8만 4천명(2009년 기준) **언어** 카탈루냐어

안도라Principality of Andorra는 피레네 산맥의 남쪽 사면에 위치한 스페인과 프랑스 사이에 있는 공국입니다. 프랑스 대통령과 스페인 카탈루냐 지방의 교구인 우르헬Urgell 교구의 주교가 공동 영주로서 있는 나라입니다. 안도라의 전체 인구는 안도라인 37%, 스페인인* 33%, 포르투갈인 16%, 프랑스인 6%로 구성되어 있습니다.

* 안도라는 지역적으로 카탈루냐 지방에 해당하므로 스페인인은 대부분 카탈루냐인에 해당합니다.

안도라의 위치

역 사

이슬람의 우마이야Umayyad 왕조❶는 711년 지브롤터에 상륙한 이래 이베리아 반도 전역을 점령하게 됩니다. 732년 이들은 피레네 산맥을 넘어 프랑크 왕국을 공격하여 보르도Bordeaux❷를 함락시키고 서프랑스의 투르 지역까지 진출하였습니다. 그러나 이슬람군은 투르 푸아티에 전투Battle of Tours–Poitier에서 프랑크 왕국의 궁재宮宰❸카를 마르텔(Karl Martell, 688년 경–741년)❹에게 패배하여 이베리아 반도로 물러나게 됩니다.

❶ 우마이야 가문의 무아위야(Muawiyah)는 3대 칼리파인 우스만의 죽음에 의문을 품고 4대 칼리파인 알리의 권위에 도전하게 됩니다. 4대 칼리파인 알리가 암살당한 이후 무아위야는 예루살렘에서 칼리파에 즉위하고 수도를 다마스쿠스로 옮깁니다. 그 후 이라크를 평정하고 이슬람권 최초의 세습 왕조인 우마이야 왕조를 창건합니다.

❷ 프랑스 아키텐 레지옹의 주도로 이 지역에서 생산되는 보르도 와인이 세계적으로 유명합니다.

❸ 중세 초기의 관직 이름으로, 7세기 프랑크 왕국에서는 재상을 지칭하는 말이었습니다.

❹ 카를 마르텔의 차남인 피핀 3세는 메로빙거 왕조의 마지막 왕인 힐데리히 3세를 폐위시키고 카롤링거 왕조를 열었습니다.

750년에는 무함마드의 일족인 아바스 가문은 시아 파와 협력하여 우마이야 왕조를 무너뜨리고 아바스Abbassid 왕조를 열게 됩니다. 우마이야 왕조가 몰락하자 우마이야 왕조의 일족인 아브드알 라흐만(Abdar-Rahman, 731년-788년)은 스페인의 코르도바Cordoba[5]를 수도로 하여 후기 우마이야 왕조를 열게 됩니다.

이슬람 왕국이 이베리아 반도에서 거의 800년 동안 존속하는 동안 안도라는 이슬람 세력이 서유럽으로 진출하는 것을 막아온 완충지로서의 역할을 하였습니다.

> [5] 스페인 안달루시아 지방에 속하는 코르도바 주의 주도로 중세의 문화유산이 고스란히 간직되어 있어 1984년 유네스코 세계유산으로 지정되었습니다.
> [6] 481년 메로빙거 왕조의 클로비스 1세에 의한 건국된 프랑크 왕국의 2번째 왕조인 카롤링거 왕조의 2대 국왕으로 카롤루스 대제라고도 한다.
> [7] 해발 1,023m로 유럽 국가의 수도 중에 가장 높은 곳에 위치하고 있습니다.

독립

8세기 초반 프랑크 왕국이 이슬람 세력의 공격을 받았을 때, 샤를마뉴 대제(Charlemagne, 재위 768년-814년)[6]가 안도라의 주민들로부터 도움을 받게 되었다고 합니다. 샤를마뉴 대제의 아들인 루트비히 1세(Louis le Pieux I, 재위 814년-840년)는 이에 대한 보답으로 안도라의 주민들에게 자유를 인정해 주었고, 이로써 독립이 이루어지게 됩니다. 그 후 샤를마뉴 대제의 손자인 샤를 2세(Charles le Chauve II, 재위 840년-877년)는 이곳을 우르헬 백작에게 넘겨 주었습니다.

9세기 이후 우르헬 백작은 안도라를 프랑스의 푸아 백작에게 상속할 때 안도라에 속해 있는 6개 교구만은 스페인의 우르헬 주교에게 분할 상속하게 되면서 안도라에 대한 영유권 분쟁이 발생하게 됩니다. 분쟁의 결과 양측은

1278년 파레아제스Pareatges 협정을 체결하고 공동 영주제에 합의하게 됩니다.

16세기에는 푸아Foix백작이 주권을 프랑스 왕실에 넘겨줌에 따라 안도라의 주권은 프랑스와 스페인 우르헬 주교가 공유하게 됩니다.

1992년 봄 안도라의 주민들은 국민 투표를 실시, 봉건 제도를 버리고 신헌법을 채택하였습니다. 1993년 6월 1일 프랑스와 스페인은 안도라를 주권 국가로 승인하였으며, 같은 해 7월 안도라는 유엔에 가입하였습니다.

지 리

안도라는 지중해 연안 스페인의 토르토사로 유입되는 세그레 강의 상류 발리라 강 유역에 위치해 있습니다. 안도라는 피레네 산맥의 고산 지대에 위치하고 있어 2,700−3,000m 높이의 봉우리가 7개나 되며, 8개의 호수가 있습니다.

수도인 안도라라베야Andorra la Vella❼는 카탈루냐어로 '고대 도시 안도라' 라는 뜻으로 면적은 12km², 인구는 2만 4천명(2007년 기준)입니다. 안도라라베야는 발리라 강에 면한 오래된 마을로서, 중앙 광장에는 로마네스크 양식의 교회가 있고, 그 남쪽에는 의사당과 법원으로 쓰이는 '골짜기의 집Casa de la Valle' 이 있습니다.

행 정

의회는 단원제로 28명의 의원(임기 4년, 2년마다 반수 개선) 중, 14명은 행정 구역에서, 14명은 7개 교구에서 2명씩 투표로 선발됩니다. 군대는 없고 경찰만 100여 명이 있으며, 전쟁 등의 유사시에는 프랑스와 스페인이 치안을 책임지도록 되어 있습니다. 경찰 업무는 프랑스의 국립 경찰과 스페인의 바르셀로나 경찰이 1년씩 교대로 담당하고 있으나, 스페인 정부는 아무런 지배권이 없습니다.

사법권은 공동 영주인만큼 우르헬 주교와 프랑스 대통령이 공동으로 행사하고 있습니다. 우르헬 주교는 프랑스의 랑그도크루시용 레지옹에 속하는 피레네조리앙탈 데파르트망 지사와 함께 1명씩의 판사를 파견하여 재판을 맡도록 하고 있습니다.

오스 데 시비스

안도라의 서쪽에는 오스 데 시비스Os de Civis[8]라는 마을이 있습니다. 이 마을은 스페인 카탈루냐 지방의 레리다Lleida 주에 속해 있지만 안도라의 빅세사리Bixessarri를 통하지 않고는 육로로 접근 할 수 없는 실질적 월경지에 해당합니다.

오스 데 시비스

[8] 인구는 2005년 기준으로 104명입니다.

PIRNA
110

Tips

이슬람교와 종파

이슬람교를 창시한 무함마드(Muhammad, 571년경 - 632년)*가 죽은 이후 이슬람 세계는 칼리파에 의해 통치되는 정통 칼리프 시대(632년 - 661년)가 됩니다.

칼리파Khalifa는 '뒤따르는 자'라는 뜻의 아랍어로 이슬람교를 창시한 무함마드의 사후 이슬람 국가의 최고 지도자 및 최고 종교 권위자를 호칭하는 말로 사용되었습니다. 정통 칼리파 시대에는 다음과 같은 4명의 칼리파가 있었습니다.

제1대 칼리파 아부바크르(Abu Bakr, 재위 632년 - 634년)

무함마드가 후계자를 지명하지 않고 죽은 이후 교단 내부에서는 지도권을 둘러싸고 각 파들이 대립하게 됩니다. 이들은 분열을 피하기 위하여 무하지룬Muhajirun**의 장로 아부바크르를 칼리파로 추대하게 됩니다.

제2대 칼리파 우마르(Umar ibn al - Khattab, 재위 634년 - 644년)

처음에는 무함마드를 박해하였지만 617년 이슬람교로 개종하였습니다. 비잔티움 제국으로부터 시리아, 팔레스타인 및 이집트를 빼앗았으며 사산조 페르시아를 멸망시키고, 페르시아를 합쳐 사라센 제국의 바탕을 이룩하였습니다. 644년 페르시아계 노예에게 암살당하였습니다.

제3대 칼리파 우스만 이븐 아판(Uthman ibn Affan, 재위 644년 - 656년)

메카의 유력 가문인 우마이야 가문에서 태어났으며, 처음에는 무함마드에게 적개심을 가졌으나 620년 이슬람교로 개종합니다. 사회적, 경제적으로 지위가 있는 인물 중 첫 번째 개종자로 무함마드의 딸 르카이아와 결혼하였으며, 그녀가 죽자 다시 무함마드의 다른 딸과 결혼하였으나 자손을 남기지는 못하였습니다. 2대 칼리파가 암살당하자 칼리파로 선출되었으며, 656년 새벽 기도 중에 암살당하였습니다.

제4대 칼리파 알리 이븐 아비 탈리브(Ali ibn Abi Talib, 재위 656년 – 661년)

무함마드의 사촌 동생으로 무함마드의 딸인 과티마와 결혼하여 2명의 아이를 낳아 무함마드의 유일한 후손을 남겼습니다. 3대 칼리파인 우스만이 암살된 후 메디나에서 칼리파로 선출되었으나 유력 가문인 우마이야 가문의 반대로 메디나에서 쿠파로 수도를 옮기게 됩니다. 661년 하와리즈 파Khawarij Islam*** 의 자객에 의해 암살을 당하게 됩니다.

이슬람교에는 여러 종파가 있으나 그 중 최대 종파는 수니 파로 전 세계 무슬림(이슬람교를 믿는 사람들)의 90%가 이에 속합니다. 수니 파Sunni Islam는 이슬람의 가장 큰 종파로 정통 칼리파 시대의 4개 칼리파를 모두 인정합니다.

이에 반해 시아 파Shia Islam는 무함마드의 혈통만이 칼리파가 될 수 있다는 이슬람 종파를 말합니다. 따라서 무함마드의 4촌 동생이자 사위인 4대 칼리파 알리만을 칼리파로 인정하고 추종합니다. 대부분의 이슬람 국가들은 수니 파에 속하지만 이란과 이라크는 시아 파가 국민들의 다수를 차지하고 있습니다.

* 마호메트는 무함마드의 영어식 표현입니다.

** 무함마드가 메카에서 메디나로 이동할 때(이를 헤지라라고 함) 무함마드와 행동을 같이 한 이슬람교 집단을 말합니다.

*** 이슬람 초기 역사에서 있었던 657년의 시핀(Siffin) 전투 이후 무슬림들 간의 분쟁을 해결하려는 중재 회의 중에 전쟁의 양 당사자인 4대 칼리파 알리와 무아위야 양측 모두에 반대하여 일어난 이슬람 교파의 하나입니다. 하와리즈 파 중 온건파에 속하는 이바디 파는 현재 오만 이슬람의 주류를 이루고 있으며, 알제리, 튀니지, 리비아, 탄자니아 등에 일부가 존재하고 있습니다.

Channel Islands

채널제도

건지섬 **면적** 78km² **인구** 6만 5천명(2007년 기준) **언어** 영어, 프랑스어, 건지어
저지섬 **면적** 116km² **인구** 9만 2천명(2009년 기준) **언어** 영어, 프랑스어

채널 제도Channel Islands는 프랑스 북부 바스노르망디Basse – Normandie 레지옹 근처에 있는 영국 해협의 섬들로 영국 왕실령crown dependency에 속합니다.

채널 제도의 위치

역 사 바이킹 출신의 노르만 족 지도자인 롤로는 오늘날 프랑스의 북부 지역인 네우스트리아Neustria에 정착할 목적으로 서프랑크 왕국을 침공하게 됩니다. 911년 롤로(Rollo, 860년경－932년경)는 서프랑크 국왕 샤를 3세와 생클레르쉬레프트 조약Treaty of Saint－Clair－sur－Epte을 체결합니다.

이 조약에 따라 롤로는 샤를 3세로부터 루앙을 중심으로 한 센la Seine 강 하류 지대의 봉토와 노르망디 공작의 작위를 받았으며, 그 대가로 더 이상 약탈행위를 하지 않기로 합니다. 그 이후 많은 노르만 족이 이 지방으로 이주하였으며, 922년 중부 노르망디로 영토를 확장하여 실질적인 독립국 노르망디 공국Normandie dukedom을 형성하게 됩니다.

채널제도와 노르망디 지방

1066년 노르망디 공국의 윌리엄 1세는 잉글랜드를 정복하여 노르만Norman 왕조[1]를 세우며 잉글랜드 왕을 겸하게 됩니다. 그의 사후, 차남인 로베르가 노르망디 공작이 되고[2], 3남인 윌리엄은 잉글랜드의 왕위에 올라 윌리엄 2세가 됩니다.

1100년 윌리엄 2세가 사망하자 윌리엄 1세의 막내 아들이 잉글랜드 왕위에 올라 헨리 1세(Henry I, 재위 1100년－1135년)가 됩니다. 1106년 잉글랜드 국왕 헨리 1세는 형인 로베르 노르망디 공작과의 전쟁에서 승리하여 노르망디 공국을 병합하였습니다. 이 때부터 노르망디 공작의 계승권은 잉글랜드의 국왕에게로 넘어가게 됩니다.

1204년 프랑스 국왕 필리프 2세(Philippe II, 재위 1180년－1223년)[3]는 노르망디 공국의 루앙Rouen[4]을 점령하였으며, 1259년 프랑스는 잉글랜드와 파리 조약을 체결하고 노르망디 공국을 프랑스 왕국에 정식으로 편입하였습니다. 이 때부터 노르망디 공작 작위는 공작령이 존재하지 않는 형식적인 영국 왕실의 작위로만 남게 됩니다.

백년전쟁Hundred Years' War[5] 중인 15세기 초 잉글랜드가 노르망디 지방을 다시 정복하기도 하였으나, 포르미그니 전투에서 승리한 프랑스가 1450년 영구적인 지배권을 갖게 됩니다.

채널 제도의 지위

1259년 파리 조약으로 노르망디 공국이 프랑스 왕국에 병합될 때 채널 제도는 계속해서 잉글랜드 왕실에 충성했기 때문에 마지막 남은 잉글랜드령 노르망디가 되었습니다.

그러나 잉글랜드 밖에서는 잉글랜드령 노르망디로서의 채널 제도의 지위가 인정되지 않고 있습니다. 1259년 파리 조약으로 인해 잉글랜드 왕실이 프랑스 영토 내의 모든 작위를 포기했기 때문에 잉글랜드 국왕[6]이 노르망디 공을 칭하며 채널 제도를 다스릴 수 없습니다. 그럼에도 불구하고 이 지역은 실질적으로 잉글랜드 영토로 간주되어 왔으며 이 문제로 인한 잉글랜드와 프랑스 사이의 영토 분쟁은 없습니다.

채널 제도는 역사적으로 잉글랜드보다는 프랑스의 노르망디에 가깝고 노르만어의 방언들이 사용됩니다. 또한 채널 제도는 자체의 입법부와 사법 제도 및 조세 제도를 보유

❶ 노르만 왕조는 1066년에서 1154년까지 영국을 통치하던 왕조입니다. 노르만 왕조는 윌리엄 1세(재위 1066년–1087년), 윌리엄 2세(재위 1087년–1100년), 헨리 1세(재위 1100년–1135년) 및 스티븐(재위 1135년–1154년)의 4대에 걸쳐 왕위계승이 이루어졌습니다.

❷ 윌리엄 1세의 장남은 요절하였습니다.

❸ 카페 왕조 출신의 일곱 번째 국왕으로 프랑스 국왕으로서는 최초로 위대한 왕으로 평가되었으며 존엄왕(Auguste)이라는 별명을 갖고 있습니다.

❹ 루앙은 프랑스 북부 오트노르망디 레지옹의 중심지입니다. 파리 북서쪽으로 약 100km 떨어진 센 강 하구에 위치하고 있습니다. 수많은 성당들이 있는 성당의 도시로 유명하며 잔다르크가 화형에 처해진 곳으로도 알려져 있습니다.

❺ 1337년부터 1453년까지 116년간 단속적(斷續的)으로 지속된 영국과 프랑스의 전쟁을 말합니다.

❻ 현재는 그레이트 브리튼 북아일랜드 연합왕국의 국왕(영국 국왕)을 말합니다.

하고 있으며, 영국 정부는 이들의 국제 관계와 국방만을 책임지고 있습니다.

건지 섬 건지 섬Bailiwick of Guernsey은 프랑스 북부 바스노르망디 레지옹에서 서쪽으로 48km 떨어진 곳에 위치해 있습니다. 섬의 남쪽은 해발 90m의 고원으로 해안선이 험한 벼랑으로 이루어져 있으며, 섬의 북쪽은 저지대이지만 작은 언덕을 이루고 있습니다.

건지섬 관할지역

건지 섬은 고대 로마 사람들에게 '사르니아Sarnia'로 알려져 있었습니다. 1204년 노르망디 공국에서 분리된 후 채널 제도는 때로는 교구위원[7]의 관할 아래 있기도 했었고 때로는 한 영주에게 양도되기도 했었습니다. 15세기말부터 건지 섬은 사령관의 관할 아래 있다가 총독의 관할로 넘어가게 됩니다.

[7] 교구위원은 영국국교회에서 교회를 지켰던 평신도 관리인들 가운데 하나를 말합니다.

[8] 이 책은 그녀의 유일한 작품입니다.

제2차 세계대전 때는 나치 독일이 섬을 점령(1940년 7월－1945년 5월)하였으며, 영국의 영토 중 독일에 의해 점령된 유일한 지역이 되었습니다. 1945년 5월 9일에 나치 독일로부터 해방되어 다시 영국의 관리 하에 들어가게 되었습니다.

문 학

1976년 채널 제도의 건지 섬을 방문한 메리 앤 섀퍼Mary Ann Shaffer는 건지 섬을 배경으로 책을 쓰겠다고 결심하고 수년간에 걸친 조사기간을 거쳐 2000년 경 집필 작업을 시작합니다. 그녀는 책이 마무리 될 즈음 암 진단을 받고, 조카이자 동화 작가인 애니 배로스Annie Barrows에게 책의 마무리 작업을 도와달라고 요청합니다. 그녀는 2008년 2월, 책이 출간되는 것을 보지 못하고 세상을 떠나게 됩니다.[8]

메리 앤 섀퍼와 애니 배로스의 공저로 출간된 이 소설의 제목은 '건지 감자껍질파이 북클럽The Guernsey Literary and Potato Peel Pie Society' 입니다. 이 책은 제2차 세계대전 당시 독일 점령 하에서 5년의 세월을 견뎌야 했던 건지 섬 사람들의 이야기를 편지글 형식으로 생생하게 그려내고 있습니다.

이 소설은 출간되자마자 전 세계 30여 개국에서 베스트셀러가 되었으며, 2008년 워싱턴 포스트 선정 '베스트 북'으로 선정되었습니다. 2010년 7월 27일에는 KBS 제1TV '책 읽는 밤'에서 소개된 바 있으며, 2011년 미국에서 영화화되기로 결정되었다고 합니다.

감 옥 건지 섬에는 1856년에 지어져 지금까지도 운영되고 있는 세계에서 가장 작은 감옥이 있습니다. 이 감옥의 최대 수용 인원은 2명이라고 합니다.

올더니 섬과 사크 섬 건지 섬 관할 하에는 건지 섬 외에도 올더니 섬, 브루Burhou 섬, 사크 섬, 험Herm 섬, 브레추Brechou 섬, 제투Jethou 섬, 리후Lihou 섬 등 부속 섬들이 있습니다.

올더니Alderney 섬은 건지 섬 북동쪽 32km 지점에 위치한 섬으로 면적은 7.9km², 인구는 2,400명입니다. 올더니 섬은 건지 섬과는 별도로 독자적인 법률과 자치권을 가지고 있습니다.

사크Sark 섬은 건지 섬 근처에 있는 섬으로 면적은 5.45km²이며, 인구는 약 600명입니다. 사크 섬은 북쪽에 있는 그레이트 사크와 남쪽의 리틀 사크로 이루어져 있습니다. 그레이트 사크와 리틀 사크는 폭 3m, 길이 90m의 라쿠페La Coupée라고 불리는 좁은 지협地峽으로 연결되어 있습니다. 라쿠페의 양쪽으로는 높이 80m의 낭떠러지가 있습니다.

사크 섬은 '유럽 최후의 봉건 영지'로 불리는데, 사크 섬의 영주는 사크 섬 정부의 수장으로 1974년 존 마이클 뷰몬트 John Michael Beaumont[9]가 22대 영주로 즉위하였습니다.

사크 섬은 건지 섬의 관할 하에 있는 섬이지만, 올더니 섬과 마찬가지로 독자적인 법률과 자치권을 가지고 있습니다. 경찰이 필요하면 건지 섬으로부터 경찰을 부를 수 있으나 그에 따른 보수를 제공해야 한다고 합니다. 개를 기를 수도 있으나 그런 경우에는 그 수가 규제되며 암캐는 영주만이 키울 수 있습니다. 사크 섬에는 자동차가 없고, 마차나 경운기가 교통 수단으로 이용되고 있으며, 선박으로만 건지 섬과 연결되고 있습니다.

[9] 이집트에서 태어난 전직 엔지니어로 할머니 시빌 메리 헤더웨이(Sibyl Mary Hathaway)의 영주 직위를 승계하였습니다.

[10] 루이 나폴레옹(나폴레옹 3세)는 최초의 프랑스 대통령이자 두 번째 프랑스 황제이며 프랑스의 마지막 세습 군주입니다. 나폴레옹 1세의 조카이자 의붓 외손자로 1848년에 2월 혁명 이후 수립된 새로운 공화국에서 프랑스 대통령으로 선출된 후 쿠데타를 통해 제2제국을 선포하고 황제의 자리에 올랐습니다. 1870년 보불전쟁(프로이센-프랑스 전쟁)으로 인하여 나폴레옹 3세는 폐위되고 프랑스에서는 제3공화국이 선포되었습니다.

빅토르 마리 위고

프랑스의 시인이자 소설가이며 극작가인 빅토르 마리 위고(Victor Marie Hugo, 1802년-1885년)는 1851년 루이 나폴레옹(Charles Louis Napoleon Bonaparte, 1808년-1873년)[10]의 쿠데타에 반대하여 국외로 추방을 당하였습니다. 그는 벨기에를 거쳐 영국 해협의 채널 제도를 전전, 거의 19년에 걸친 망명 생활을 보냈습니다.

빅토르 위고는 망명하기 이전인 1831년 '노트르담의 꼽추Notre-Dame de Paris' 를 발표하여 소설가로서의 지위를 굳건하게 하였으며, 1841년에는 '아카데미 프랑세즈' 의 회원이 되었습니다.

빅토르 위고는 망명 생활 동안 시집 '징벌(Les Ch?timents, 1853년)', '명상시집(Les Contemplations, 1856년)', '세기의 전설(La Légende des siècles, 1859년)'과 소설 '레 미제라블(Les Misérables, 1862년)', '바다의 노동자(Les Travailleurs de la Mer, 1866년)' 등 걸작의 대부분을 집필하였습니다.

1855년부터 1970년까지 빅토르 위고가 살았던 건지 섬의 세인트피터포트에 있는 집은 현재 박물관이 되어 있습니다.

저지 섬

저지 섬Bailiwick of Jersey은 프랑스 북부 바스노르망디 레지옹에서 서쪽으로 24km 떨어진 곳에 위치해 있습니다. 북동쪽에 있는 레에크레후스Les Ecrehous 암초와 남쪽에 있는 레밍키에르Les Minquiers 암초도 저지 섬의 관할 구역에 속합니다.

저지 섬은 대체로 황토로 덮인 대지를 이루고 있으며, 깊게 패인 계곡들은 북에서 남으로 경사져 있습니다. 북쪽 해안에는 높이가 148m에 이르는 그림 같은 낭떠러지들이 늘어서 있습니다.

저지섬

역 사 11세기의 문헌에 따르면 저지 섬은 쿠탕스 주교구에 속하였습니다. 12세기에는 노르망디 지주들이 섬을 지배했으며, 세입 징수를 위해 3개 행정구로 나누었습니다.

1204년 노르망디 공국으로부터 분리됨에 따라 행정 개편이 필요하게 되었으며, 이로 인하여 노르망디 법과 지방 관습은 유지되었으나 다른 섬들과 함께 감독관이나 영주가 국왕을 대리하여 통치하게 되었습니다.

15세기말 경에는 저지 섬을 전담하는 행정 장관이 부임하였습니다. 후에 총독으로 불린 행정 장관의 직책은 1854년에 폐지되고 부총독이 직책을 인수하여 그 임무를 수행하고 있습니다.

저지 섬은 세인트헬리어 항과 고레이 항을 경유하여 건지 섬과 잉글랜드의 웨이머스 및 프랑스의 생말로Saint-Malo[11]와 연결되어 있습니다.

웨이머스 웨이머스Weymouth는 잉글랜드의 도싯Dorset 카운티에 있는 작은 해변 마을로 휴양지로 잘 알려져 있습니다. 1944년 연합군이 노르망디 상륙작전Normandy Invasion[12]을 할 당시 연합군이 출발한 곳이기도 합니다.

⑪ 프랑스 서부 브르타뉴 레지옹에 속하는 일레빌렌 데파르망에 있는 도시입니다.

⑫ 제2차 세계대전 중 아이젠하워의 지휘 하에 미국과 영국의 연합군이 북프랑스의 노르망디 해안에 감행한 상륙 작전을 말합니다. 이 작전의 성공으로 인하여 연합군은 독일 본토로 진격하는 교두보를 확보하게 됩니다.

토머스 하디

영국의 시인이자 소설가인 토머스 하디(Thomas Hardy, 1840년–1928년)는 도싯 카운티의 도체스터 Dorchester 부근 하이어 보캠프턴 Higher Bockhampton에서 출생하였습니다. 하디는 19세기말 영국 사회의 인습이나 편협한 기독교적 문화와 가치관을 공격하고, 남녀 간의 사랑을 성적인 면에서 대담하게 표현하였습니다.

대표작으로는 귀향(The Return of the Native, 1878), 더버빌 가의 테스(Tess of the d' Urbervilles, 1891)[13], 미천한 사람 주드(Jude the Obscure, 1895) 등이 있습니다. 하디의 소설은 대부분 고향인 웨식스 Wessex 지방을 배경으로 하고 있습니다.

하디의 죽은 후 장례는 국장으로 치루어 졌으며, 유해는 웨스트민스터 사원 Westminster Abbey[14]에 묻혔습니다. 다만, 심장은 유언에 따라 고향에 있는 부인 에마 기퍼드의 묘 옆에 매장되었습니다.[15]

⑬ 1979년 로만 폴란스키 감독, 나스타샤 킨스키 주연으로 영화화되었습니다.

⑭ 런던 웨스트민스터에 있는 고딕 양식의 거대한 성공회 성당으로 전통적으로는 영국 국왕의 대관식이 거행되거나 매장터로 사용되고 있습니다.

⑮ 1874년 결혼한 첫 번째 부인 에마 기퍼드가 죽은 이후, 하디는 1914년 비서인 플로렌스 에밀리 덕데일과 결혼하였습니다. 에밀리 덕데일은 하디가 죽은 이후 그의 전기를 썼습니다.

농 업

저지 섬의 농업은 낙농업과 1789년부터 이 섬에서 유일하게 키워온 수출용 저지 종 젖소 사육 위주로 이루어집니다. 저지 종 젖소는 몸집이 작고 털 빛깔은 검은 빛을 띤 갈색, 노란빛을 띤 갈색, 회색을 띤 갈색 등을 띠고 있습니다. 생산되는 원유는 유지방이 4.5–5.5%로 매우 높아 주로 버터를 만드는 데 쓰입니다.

한편, 건지 섬이 원산지인 건지 종 젖소도 있는데 저지 종보다 몸집이 크며, 털 빛깔은 붉은 빛을 띤 갈색과 흰색이 섞인 얼룩소입니다. 원유에 포함된 유지방은 5.0%로 젖 색깔이 약간 짙은 것이 특징입니다.

제럴드 더렐

1959년 제럴드 더렐(Gerald Durrell, 1925년-1995년)은 멸종 위기에 처한 동물들을 보호하기 위하여 저지 섬의 트리니티 Trinity에 더렐 야생 동물 보호 단체 Durrell Wildlife Conservation Trust를 설립하였습니다.

더렐은 멸종 위기에 처한 동물들을 데려와 양육한 후 다시 자연의 품으로 돌려보내는 새로운 방법을 수백 마리의 동물들을 멸종 위기에서 구해냈습니다. 또한 국제 훈련 센터를 통해 전문적인 지식과 기술을 갖춘 야생 동물 보호가를 1천명 이상 배출해냈습니다.

더렐은 야생 동물 보호와 연구자 육성 등에 기여한 공로를 인정받아, 1982년에 대영 제국 훈장을 받았습니다.

더렐은 야생 동물 보호가이기도 했지만 유명한 작가이도 하였습니다. 1956년에 출간한 '나의 특별한 동물 친구들 My family and other animals' 이라는 책은 우리나라에서도 번역되어 출간되었습니다. 이 책은 더렐이 그리스 코르푸 섬에서 보냈던 어린 시절에 대한 자전적 소설로, 2005년 영국의 BBC에 의해 영화로 제작되었습니다.

영 화 2002년 개봉된 알레한드로 아메나바르 감독, 니콜 키드먼 주연의 '디 아더스The Others' 는 1945년 저지 섬을 배경으로 한 영화입니다.

어 원 미국 동부의 주인 뉴저지New Jersey의 명칭은 미국이 영국의 식민지였던 시절에 저지 섬 출신의 어부들이 이민을 와서 열심히 일하였다는 사실을 기념하기 위해 붙여진 이름이라고 합니다. 뉴저지 주는 미연방에 세번째로 가입하였으며 미국의 주 중에서는 네 번째로 작은 면적을 갖고 있습니다. 뉴저지 주의 면적은 22,608km², 인구는 880만명(2010년 기준)으로 인구밀도가 가장 높은 주입니다.

한편, 가볍고 신축성이 있으나 두꺼운 메리야스 직물을 저지 면이라고 합니다. 저지 면은 저지 섬에서 생산되는 양모로 만든 허름한 스웨터를 저지라고 한데서 유래되었다고 합니다.

Exclave 09

Isle of Man

맨 섬

면적 572㎢ **인구** 8만명(2010년 기준) **언어** 영어, 맹크스어

맨 섬Isle of Man은 영국과 아일랜드 사이에 있는 영국 왕실령 섬입니다. 영국의 일부는 아니지만 영국 내무부가 관리하며 1828년 이래 상당한 자율권을 지닌 영국 왕의 소유지입니다.

맨 섬의 위치

역 사 맨 섬은 성 패트릭Saint Patrick[1]의 가르침을 따르는 많은 아일랜드 선교사들의 본거지였으며, 초기 원주민은 켈트 족이었습니다. 800년 경에는 노르웨이 바이킹의 침입이 시작되었고, 이후 노르웨이에 속해 있다가 1266년 스코틀랜드에 매각되었습니다.

잉글랜드 국왕 에드워드 3세(Edward III, 재위 1327년–1377년)[2] 이후부터는 잉글랜드에 속하였으며, 솔즈버리 백작, 스탠리 가家, 아소르 공작이 차례로 통치하였습니다. 1765년부터 왕실 부속지에 편입되었으나 정치적으로는 영국으로부터 독립하여 독자적인 법률과 의회를 갖고 있습니다.

1. 성 패트릭은 영국과 아일랜드에서 전도한 선교사이자 주교로, 아일랜드의 수호 성인입니다.
2. 중세 시대의 가장 성공적인 왕으로 평가받고 있는 잉글랜드의 국왕입니다. 맏아들인 흑태자 에드워드가 먼저 병사하였으므로 사후에 다른 아들들의 후손들 사이에 잉글랜드의 왕위 계승권을 놓고 붉은 장미를 표시로 삼은 랭커스터 가와 흰 장미를 표시로 삼은 요크 가 사이에 왕위 쟁탈전이 벌어졌습니다. 이를 장미 전쟁(Wars of the Roses)이라고 합니다.

틴월드 세습 군주가 맨 섬의 통치자로서 지명하는 부총독과 상원, 하원으로 정부가 구성됩니다. 양원은 별개의 입법 기관 구실을 하지만 특정 사안에 따라 함께 모여 입법부를 구성합니다.

맨 섬의 의회인 틴윌드Tynwald는 979년에 설립되었으며 세계에서 지속적으로 존재해 온 가장 오래된 입법부로 알려져 있습니다. 영국은 유럽 연합의 15개 회원국들 중 하나이지만 맨 섬은 그들 자체로는 EU 회원국도 아니고 영국의 회원국도 아닙니다.

언 어 맨 섬에서 사용되는 맹크스어Manx language는 인도유럽어 족에 속하는 켈트어파 언어입니다. 한때 마지막 사용자가 1974년에 죽으면서 사장될 위기에 처해졌지만, 학문적인 연구를 바탕으로 하여 맹크스어를 제2언어로 사용하는 화자들이 있었고 이들의 자녀가 맹크스어를 모국어로 사용하는 경우가 다시 생겨나기 시작하였습니다.

지 형 맨 섬은 중앙에 스네이펠 산(620m)을 정점으로 하는 산악 지대가 있으며, 북쪽과 남쪽으로는 저지대의 농지들이 뻗어 있습니다. 해안에는 바위가 많으며, 섬의 너비는 16km, 길이는 48km 정도입니다. 기후는 온난하여 아열대성 식물들이 자생하며 경치가 아름다워 요양지나 관광지로 유명합니다.

맨 섬의 남서쪽에는 캘프오브맨Calf of Man이라는 작은 섬이 있는데 이 섬에는 내셔널 트러스트가 관리하는 조수 보호 구역이 있습니다.

맹크스 고양이

맨 섬은 맹크스 고양이Manx cat의 원산지로 알려져 있습니다. 맹크스 고양이는 뒷다리가 앞다리보다 길어서 걸을 때 토끼처럼 뛰는 듯한 독특한 걸음걸이로 걸으며, 가장 중요한 특징은 꼬리가 없거나 짧다는 것입니다. 이러한 이유로 노아의 대홍수 때 노아가 닫던 방주의 문에 꼬리가 끼어 잘렸다거나 고양이와 토끼의 후손이라는 등의 전설이 있습니다.

맹크스 고양이의 특징인 꼬리 형태는 상염색체상의 우성 유전자에 의해 유전되기 때문에 발생하는 것입니다. 따라서 맹크스 고양이끼리 교배하는 경우에는 치명적인 유전자의 결합이 나타나 사산율이 매우 높아지는데 이를 '맹크스 증후군'이라고 합니다.

TT레이스

맨 섬에서는 매년 6월에 세계적으로 유명한 모터사이클 경주인 TT레이스Tourist Trophy Race가 개최됩니다. TT레이스는 서킷Circuit[3]에서의 경주가 아니며 총 연장 60여 km의 공도公道[4]를 이용하여 레이스를 펼치는 경주로 평균 속도가 시속 200km에 이릅니다.

1906년 영국의 모터사이클 스포츠 단체인 ACCAuto Cycle Club는 실용적이며 신뢰성 있는 모터사이클의 개발을 촉진하기 위하여 국제 로드레이스를 계획하였습니다. 이를 위해 모터사이클 애호가였던 마르퀴스 마우질리Marquis Mouzilly 후작이 트로피를 기증하였습니다. 이 트로피는 날개 달린 바퀴에 선

[3] 자동차나 오토바이 등의 경주용 환상도로를 말합니다.

[4] 공도(公道)는 공중이 교통 수단을 이용하여 통행하도록 국가나 도, 시 등에서 마련하여 관리하는 길을 말합니다. 일반적으로 차량이 주행하는 도로를 말합니다.

머큐리[5] 상으로 은으로 제작되었으며 높이는 받침대를 포함하여 약 80㎝입니다.

첫 대회는 1907년 맨 섬에서 개최되었는데, 그 이유는 맨 섬 당국이 속도를 제한하지 않고 공도의 사용을 허가하였기 때문입니다. 최초 대회는 한 바퀴가 16.6km 정도 되는 코스에서 열렸는데 이 코스를 쇼트 코스short course라고 부릅니다. 1911년부터는 마운틴 코스mountain course가 사용되고 있는데 한 바퀴가 60.7km 정도 됩니다. 마운틴 코스는 국제 레이스 코스 중에서 최장거리이며, 커브가 219곳, 오르내리는 고저차가 410m가 되어 가장 변화가 풍부하고 가혹한 코스로 유명합니다.

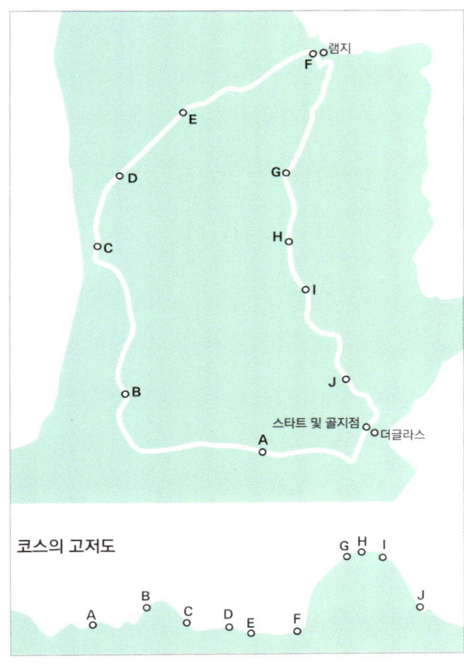

TT레이스의 마운틴코스

1946년 창립된 일본의 혼다Honda는 1959년 처음으로 TT레이스에 출전하였습니다. TT레이스 출전 3년만인 1961년 혼다는 전설적인 선수 마이크 헤일우드Mike Hailwood를 출전시켜 우승하게 됩니다. 이 우승으로 혼다는 세계적인 모터사이클 제조업체로 알려지게 됩니다.

2009년 대회에서 존 맥기네스John McGuinness는 슈퍼바이크

TT에서 우승하면서 TT레이스에서 자신의 통산 15번째 우승을 하였습니다. 이 우승으로 존 맥기네스는 마이크 헤일우드의 14번 우승기록을 갈아치웠습니다.

미스 포터

2006년 개봉된 그리스 누난 감독, 르네 젤위거, 이완 맥그리거 주연의 '미스 포터Miss Porter'는 맨 섬이 주요 촬영 장소라고 합니다. 이 영화는 19세기 영국의 동화 작가이자 화가인 베아트릭스 포터의 사랑과 삶에 대한 이야기를 다루고 있습니다.

베아트릭스 포터(Beatrix Potter, 1866년-1943년)는 런던 사우스 켄싱턴의 부유한 가정에서 태어났습니다. 1882년 레이크 디스트릭트Lake District[6]의 윈더미어Windermere에서 여름을 나던 포터는 내셔널 트러스트의 공동 설립자인 하드윅 논슬리를 만나게 되고, 자연 보호의 중요성을 배우게 됩니다.

포터는 1902년 토끼 '피터 래빗'으로 유명한 '피터 래빗 이야기The Tale of Peter Rabbit'를 정식으로 출간하게 됩니다. 이 때 출판사의 편집자인 노먼을 만나게 되어 사랑에 빠지게 되고 결혼을 약속하지만, 노먼은 급성 폐렴으로 죽게 됩니다.[7] 그녀가 출간한 책들은 전 세계에서 1억부 이상 판매되었습니다.

노먼이 죽은 이후 포터는 레이크 디스트릭트로 이주하고, 변호사인 윌리엄 해리스[8]의 도움을 받아 그 지역의 농장들을 구입합니다. 포터

5 로마 신화에 나오는 메르쿠리우스의 영어식 표현으로 그리스 신화의 헤르메스에 해당합니다.
6 영국 잉글랜드 컴브리아(Cumbria) 주에 있는 영국 최대의 국립 공원입니다.
7 이 이야기는 영화 '미스 포터'에 잘 표현되어 있습니다.
8 47세에 포터는 윌리엄 해리스와 결혼하게 됩니다.

는 막대한 유산을 상속받았음에도 불구하고 평생을 작은 시골마을 힐 탑 Hill Top[9]에 살면서, 내셔널 트러스트 운동에 매진하였습니다. 포터가 구입한 레이크 디스트릭트의 농장 등 대부분의 재산들은 사후 내셔널 트러스트에 모두 기증됩니다.

[9] 포터가 처음으로 구입한 농장입니다.

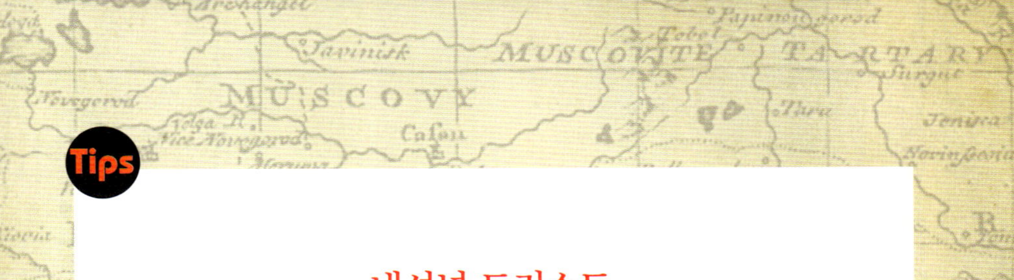

내셔널 트러스트

내셔널 트러스트 운동은 시민들의 자발적인 자산 기증과 기부를 통해 보존가치가 높은 자연 환경이나 문화 유산을 사들여서 영구히 보존하고 관리하는 운동을 말합니다. 이 운동은 1895년 로버트 헌터Robert Hunter, 옥타비아 힐Octavia Hill, 하드윅 론슬리Hardwicke Rawnsley가 영국에서 설립한 '내셔널 트러스트National Trust for Places of Historic Interest or Natural Beauty' 라는 공공 단체에서 시작됩니다.

한국 내셔널 트러스트*는 2000년 1월 창립 대회를 개최하고 정식으로 출범하였습니다. 내셔널 트러스트는 보존 가치가 있는 자연이나 문화 유산을 사회가 소유함으로써 영원한 보전이 가능하도록 하고 있습니다. 한국 내셔널 트러스트는 2010년을 기준으로 '강화 매화마름 군락지', '최순우 옛집', '동강 제장마을' 등 7개의 자산을 확보하고 있습니다.

* 한국 내셔널 트러스트는 서울시 종로구 명륜동에 본부가 있습니다.

Exclave 10

Baarle

바를러

바를러나사우 **면적** 76.3㎢ **인구** 6,668명(2007년 기준)
바를러헤르토크 **면적** 7.48㎢ **인구** 2,306명(2006년 기준)

바를러Baarle는 브라반트 지역에 위치한 도시로, 네덜란드와 벨기에의 경계에 있습니다. 바를러의 네덜란드 쪽 지역을 바를러나사우Baarle–Nassau, 벨기에 쪽의 지역을 바를러헤르토크Baarle–Hertog라 합니다.

바를러의 위치

역 사 브라반트Brabant 지역은 벨기에 중북부에서 네덜란드 남부에 이르는 지역으로 1190년 브뤼셀 공작 앙리 1세가 건국한 브라반트 공국Duchy of Brabant이 있었습니다. 1430년 브라반트 공국은 부르고뉴 공국Duchy of Bourgogne에게 병합되었습니다. 이후 부르고뉴 공작의 가문을 이을 후계자가 없게 되자 브라반트 지역은 네덜란드와 함께 오스트리아령이 되었다가 이후에는 스페인령이 됩니다.

바를러의 국경이 이렇게 복잡하게 된 것은 중세 시대의 조약, 협정, 토지 교환과 브레다 영주와 브라반트 공작 사이의 매매때문입니다. 일반적으로 농지나 건축물들은 브라반트 공작의 소유가 되고, 나머지는 브레다의 영주에 속하게 되었습니다.

네덜란드 독립 전쟁

네덜란드는 1568년부터 1648년까지 80년 동안 스페인에 대항하여 독립 전쟁을 치르게 됩니다. 1648년 베스트팔렌 조약Peace of Westphalia이 체결되어 네덜란드 독립 전쟁과 신성 로마 제국의 30년 전쟁(Thirty year's War, 1618년－1648년)[1]이 종결됩니다.

베스트팔렌 조약의 결과 유럽 각국의 개신교도들이 종교적 자유를 얻게 되며, 네덜란드와 스위스의 독립이 국제적으로 승인됩니다.

브라반트의 북쪽 지역은 네덜란드 공화국으로 독립하지만 브라반트의 남쪽 지역은 계속 스페인령 네덜란드로 남게 됩니다. 이 때 헤르토크 가家의 영지로 있던 지역은 브라반트의 북쪽 지역에 속함에도 불구하고 스페인령으로 남게 됩니다.

스페인령 네덜란드는 1701년부터 1714년까지 지속된 스페인 왕위 계승 전쟁의 결과 오스트리아의 합스부르크 왕가에 양도됩니다.

1814년 나폴레옹 전쟁의 결과를 수습하기 위해 오스트리아의 재상 클레멘스 폰 메테르니히의 주도하에 빈 회의가 개최됩니다. 빈 회의의 결과 네덜란드는 오스트리아령 네덜란드와 리에주 주교령을 흡수하여 네덜란드 연합왕국이 되고 국왕에는 오라녜 나사우 왕가House of Oranje－Nassau의 빌렘 1세(Willem I, 재위 1815년－1840년)가 즉위하게 됩니다. 이 때 독일연방의 일원인 룩셈부르크 대공국도 네덜란드 연합왕국과 동군연합을 이루게 됩니다.[2]

1890년 네덜란드의 빌렘 3세(Willem III, 재위

[1] 이 전쟁은 신성 로마 제국이 있었던 독일을 중심으로 로마 가톨릭과 개신교 사이에 벌어진 전쟁입니다. 처음에는 종교 문제로 시작되었지만 시간이 흐르면서 종교보다는 왕조와 국익을 앞세우게 됩니다.

[2] 네덜란드의 빌렘 1세는 룩셈부르크의 기욤 1세입니다.

1849년－1890년) 사후 왕위를 계승할 왕자가 없자 왕위는 막내 딸인 빌헬미나(Wilhelmina Helena Pauline Marie, 재위 1890년－1948년)가 10세의 나이로 승계하게 됩니다. 이 때 룩셈부르크의 대공위는 남자만이 승계할 수 있다는 살리카 법에 의해 나사우－바일부르크 가의 아돌프(Adolphe, 재위 1890년－1905년)가 승계하게 되어 동군연합은 해체됩니다.

분 리 북부 네덜란드는 종교적으로는 개신교, 언어적으로는 네덜란드어, 무역은 자유 무역을 기반으로 하였으나, 남부 네덜란드는 종교적으로는 로마 가톨릭, 언어적으로는 프랑스어, 무역은 보호 무역을 기반으로 하는 등 이질적인 요소들이 많이 있었습니다. 그럼에도 불구하고 네덜란드 연합왕국은 공용어로 네덜란드어를, 무역은 자유 무역 정책을 채택하게 됩니다.

이에 남부 네덜란드인들은 1830년 프랑스의 7월 혁명에 자극받아 브뤼셀을 중심으로 반란을 일으키게 되는데 이를 벨기에 사람들은 '벨기에 혁명'이라고 합니다.

1831년 유럽의 열강들은 남부 네덜란드가 벨기에 왕국으로 독립하는 것을 승인하게 됩니다. 벨기에의 초대 국왕에는 작센－코부르크－고타 가문의 레오폴드 1세가 즉위하게 됩니다.

레오폴드 1세(Leopold I, 재위 1831년－1865년)는 영국 빅토리아(Victoria, 재위 1837년－1901년) 여왕과 그 부군 앨버트 공(Prince Albert of Saxe－Coburg－Gotha, 1819년－1861년)의 삼촌입니다.

윈저 왕가 앨버트 공은 작센-코부르크-고타 가문이었으므로 앨버트와 혼인한 빅토리아 여왕의 자손들은 작센-코부르크-고타라는 성을 사용하게 됩니다. 그러나 제1차 세계 대전을 거치며 영국 국민들에게 반 독일 감정이 형성되자 성을 영국식 이름인 윈저 왕가로 이름을 바꾸어 오늘 날 엘리자베스 2세까지 이어집니다. 따라서 현재 영국의 왕가와 벨기에의 왕가는 같은 가문에 속합니다.

위요지 안의 위요지 1843년 마스트리히트 조약Treaty of Maastricht에서는 네덜란드와 벨기에 사이의 국경을 정하였으나 이 때에도 바를러 지역에 대해서는 합의를 이루지 못하였습니다. 따라서 5,732필지의 국적을 하나씩 따로 정하기로 합니다. 이러한 이유로 네덜란드 영토에 둘러싸인 22개의 벨기에 위요지가 있으며,[3] 벨기에 영토에 둘러싸인 1개의 네덜란드 위요지가 있습니다.

네덜란드 내의 벨기에 위요지와 네덜란드 위요지

한편, 네덜란드 영토 안에 있는 벨기에 영토 안에도 네덜란드 영토에 속하는 위요지 7개가 있습니다. 즉, 네덜란드 영토에 둘러싸인 벨기에 위요지 중 가장 큰 위요지 안에는 6개, 두 번째로 큰 위요지 안에는 1개의 네덜란드 위요지가 있습니다.

❸ 22번째 위요지는 1995년에 와서야 벨기에의 영토로 확정되었습니다.

국 적 바를러의 집들은 네덜란드와 벨기에 영토 모두에 걸쳐있는 경우도 있습니다. 이러한 경우에는 현관문이 어느 나라 영토에 위치하였는지에 따라 국적이 결정됩니다. 어느 국가에 속하는지에 따라 세금이 달라지므로 바를러에서는 현관문을 몇 미터 이동하는 것은 오래된 전통입니다.

1995년 위요지들의 경계를 현대의 측량 기술로 재측정하였는데, 이를 계기로 벨기에에 속하는 집들이 네덜란드에 속하게 되었습니다. 바를러의 주민들은 이러한 상황이 발생하는 것을 원하지 않았는데, 이에 대한 해결책은 현관문의 위치를 이동시키면 되는 매우 간단한 것이었습니다.

한때 네덜란드 식당이 법률에 따라 벨기에 식당보다 더 일찍 문을 닫아야 했던 적이 있었습니다. 식당이 네덜란드와 벨기에 국경에 걸쳐 있는 경우 식당 문을 닫을 시간이 되면 손님들이 네덜란드 지역에 속한 식탁에서 벨기에 지역에 속한 식탁으로 자리를 옮기기만 하면 문제가 해결됐습니다.

Tips

살리카 법

살리카 법Salic law은 프랑크 왕국의 클로비스 1세가 프랑크 족의 관습법을 성문화한 것입니다. 이 법에는 모계로 이어지는 사람들을 왕위 계승에서 배제하도록 하거나, 아들들에게 재산을 균등하게 분배하도록 하는 내용들이 포함되어 있습니다. 이러한 살리카 법에 따라 훗날 프랑크 왕국은 동프랑크, 중프랑크 및 서프랑크로 분열되며, 이들은 오늘날 독일, 이탈리아 및 프랑스가 각각 성립하는 배경이 됩니다.

메로빙거 왕조와 예수 기원설

클로비스 1세(Clovis I, 재위 486년–511년)는 프랑크 족을 통일하고 486년 프랑크 왕국을 건국하였습니다. 클로비스 1세는 메로빙거 왕조의 실질적인 창시자로 496년에는 왕비 글로틸드(Clotilde, 475년–545년)*에 의해 가톨릭으로 개종합니다.

메로빙거Merovingia 왕조는 5세기 후반부터 8세기 중반까지 프랑크 왕국을 다스렸던 왕조를 말합니다. 클로비스 1세의 고조 할머니인 프로트문다는 유대인 출신으로 예수 그리스도(Jesus Christ, BC 약 7년~2년–약 26년~36년)와 마리아 막달레나Maria Magdalena**의 후손이라는 주장이 있습니다. 이로 인하여 메로빙거 왕조는 자신들이 예수 그리스도의 후손이라는 설을 신봉하게 됩니다.

메로빙거 왕조가 예수 그리스도의 후손이라는 주장은 미국의 소설가 댄 브라운Dan Brown이 2003년 발표한 소설 '다빈치 코드The Da Vinci Code'에 의해 대중들에게 많이 알려졌습니다.

1982년, 마이클 베이전트Michael Baigent, 리처드 레이Richard Leigh 및 헨리 링컨Henry Lincoln은 기독교의 기원과 예수 그리스도의 전설과 관련된 내용을 조사한 '성혈과 성배The Holy Blood and the Holy Grail'라는 책을 출간하였습니다. 이 책은 기독교의 기원에 관한 여러가지 가설을 설정하면서 프랑스 남부의 카타리 파*** 전설, 렌느 샤토에서 발견된 문서, 나그함마디에서 발견된 그노시스적 복음서**** 등 다양한 출처를 제시하고 있습니다.

마가렛 스타버드Margaret Starbird는 '성배와 잃어버린 장미 : 다빈치 코드의 비밀(원제 : The Woman with the Alabaster Jar : Mary Magdalen and the Holy Grail)'이라는 책에서 예수 그리스도와 마리아 막달레나가 결혼했던 것이 틀림없으며, 성배는 예수 그리스도의 후손을 잉태한 마리아 막달레나이며 남 프랑스로 피신했다고 쓰고 있습니다. 마가렛 스타버드 자신도 책 서문에서 예수 그리스도와 마리아 막달레나의 결혼설을 반박하기 위한 글을 쓰기 위해 준비하다가 자기 자신이 그 설을 믿게 되었다고 쓰고 있습니다.

현재 메로빙거 가문과 메로빙거 왕가와의 혼인 관계에 의해 친인척 관계를 형성한 합스부르크 왕가, 스튜어트 왕가, 로렌 왕가, 카롤링거 왕가, 비지코트 왕가, 프랑스의 생클레르 가문과 그 분가인 영국과 미국의 싱클레어 가문 출신 사람들 중 일부는 자신들이 예수 그리스도와 마리아 막달레나의 후손이라고 주장하고 있습니다.

* 부르군트의 왕 힐페리히 2세의 딸로 사후 가톨릭 성인으로 추증되었습니다. 가톨릭 축일은 6월 4일입니다.

** 신약성서의 복음서에 등장하는 예수 그리스도의 여성 추종자 중 한명입니다.

*** 2세기에서 13세기까지 프랑스 남부의 알비와 툴루즈를 중심으로 생겨난 기독교 교파입니다. 이들의 교리는 이원론과 영지주의를 바탕으로 하고 있으며, 교황청에서는 이들을 이단으로 규정하였습니다. 이들을 토벌하기 위한 십자군이 결성되었으며, 그 결과 이들은 전멸하게 되었습니다.

**** 예수의 12제자 중 하나인 도마가 쓴 도마복음(Gospel of Thomas)이 대표적입니다.

Märket

Exclave 11

매르컷 섬

면적 0.03㎢

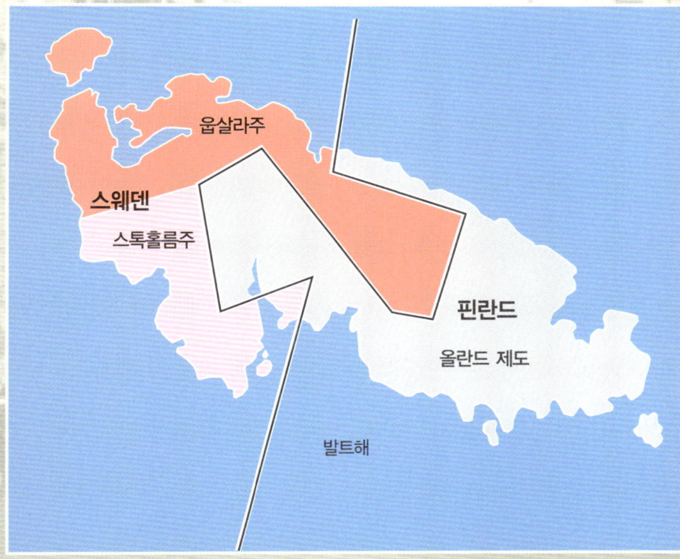

매르컷Märket 섬은 스웨덴과 핀란드 사이의 발트 해에 있는 바위로 된 작은 무인도입니다. 매르컷 섬은 스웨덴과 핀란드의 영토로 각각 분할되어 있는데, 국경선이 있는 섬 중에서는 세계에서 가장 작은 섬입니다.

매르컷 섬의 위치

올란드 제도

올란드 제도Aland Islands는 발트 해 북쪽 보트니아 만 어귀에 위치해 있으며 핀란드의 아흐베난마Ahvenanmaa[1] 자치주를 구성하고 있습니다. 스웨덴 해안에서 40km 떨어져 있으며, 사람들이 살고 있는 약 35개의 섬들과 6,500여 개의 무인도 및 암초들로 구성되어 있습니다.

1809년 프레드릭샴 조약Treaty of Fredrikshamn에 따라 핀란드의 다른 지역과 마찬가지로 올란드 제도는 반자치 상태인 핀란드 대공국의 일부가 되었습니다. 이후 핀란드가 독립하면서 올란드 제도는 핀란드 영토가 됩니다.

[1] 올란드 제도를 핀란드어로 표현한 것입니다.

올란드 제도는 문화적으로나 경제적으로 볼 때 핀란드보다는 스웨덴에 훨씬 가깝다고 할 수 있습니다. 이러한 이유로 1917년 핀란드가 러시아로부터 독립을 선언할 당시 올란드 제도의 주민들은 스웨덴의 일부가 되려고 하였습니다.

국제 연맹은 올란드 제도를 핀란드의 일부로 남아 있게 하는 대신 독자적인 자치권을 허용하는 방안으로 중재안을 제시합니다. 이에 따라 올란드 제도의 자치는 1921년 국제 연맹에 의해 선언되고, 핀란드의 독립을 승인하는 조약안에서 다시 확인되었습니다.

이러한 이유로 올란드 제도는 정치적 중립 지역이 되었으며, 올란드 주민들은 핀란드의 병역 의무 등이 완전히 면제되고 있습니다. 또한 일반적으로 핀란드 본토에서는 핀란드어가 공식 언어로 사용됨에도 불구하고 올란드 제도는 스웨덴어가 유일한 공식 언어입니다.

매르컷 섬

매르컷 섬은 프레드릭샴 조약 이후에 핀란드가 러시아 제국으로부터 독립하면서 스웨덴과 핀란드가 공동으로 소유하게 되었습니다.

매르컷 섬 중 핀란드 영토는 올란드 제도에 속해 있으며 핀란드의 가장 서쪽에 위치하고 있습니다.

매르컷 섬 중 스웨덴 영토는 다시 2개의 부분으로 분리되어 있는데 위 쪽은 웁살라 주에 속해 있지만 아래 쪽은 스톡홀름 주에 속해 있습니다.

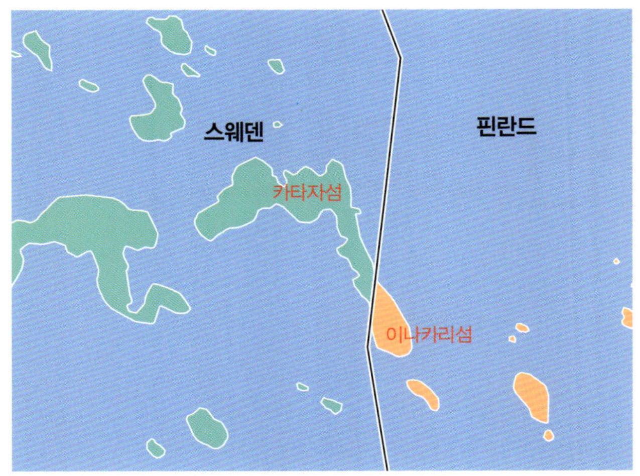

카타자 섬

카타자 섬 보트니아 만 가장 안 쪽의 스웨덴과 핀란드 국경 지역에는 카타자Kataja라는 섬이 있습니다. 카타자 섬은 스웨덴에서 가장 동쪽에 위치한 작은 섬으로 면적은 0.71km²로 길이는 2km, 폭은 200-300m 정도입니다.

이 섬은 원래 두 개의 섬으로 이루어져 있던 것으로 위 쪽의 큰 섬은 스웨덴에, 아래 쪽의 작은 섬[2]은 핀란드에 각각 속해 있었습니다.

1809년 이후 수 십년 간 후빙하기의 지각 상승으로 인하여 두 섬 사이의 지각이 상승하여 두 섬은 하나의 섬으로 연결되게 되었습니다. 이로 인하여 두 섬 사이에 스웨덴과 핀란드의 국경이 생기게 된 것입니다.

[2] 작은 섬의 이름은 이나카리(Inakari)라고 합니다.

Exclave 12

Kaliningrad

칼리닌그라드

면적 215.7㎢ **인구** 431만명(2002년 기준) **언어** 러시아어

칼리닌그라드Kaliningrad는 러시아 연방의 가장 서쪽에 있는 주로, 러시아 본토와 떨어져 있는 월경지입니다. 칼리닌그라드 주는 남쪽으로는 폴란드, 북쪽으로는 리투아니아, 서쪽으로는 발트 해에 각각 접해 있습니다. 주도인 칼리닌그라드는 1256년 건설되었으며 원래의 이름은 쾨니히스베르크Königsberg입니다.*

* 쾨니히스베르크란 '왕의 산'이라는 뜻을 갖고 있습니다.

칼리닌그라드의 위치

리가

독일 기사단

독일 기사단(Teutonic Knights, 튜튼 기사단)[1]은 12세기말 팔레스타인의 아크레[2]에서 처음 결성되었으며, 템플 기사단(성전 기사단, 성당 기사단), 몰타 기사단(성요한 기사단, 병원 기사단)과 함께 십자군 국가에서 중요한 위치를 담당하게 됩니다.

십자군 국가

십자군 국가Crusader States는 12세기에서 13세기까지 서유럽의 십자군들이 팔레스타인 지방의 기독교 성지에 세운 국가들을 말합니다. 제1차 십자군 이후 주로 서유럽의 로마 가톨릭 십자군들이 이들 지역에 정착하면서 봉건 국가를 세웠으나 결국 이슬람 세력에게 모두 정복당하였습니다.

1. 독일 기사단의 공식 명칭은 House of the Hospitalers of Saint Mary of the Teutons in Jerusalem입니다.
2. 이스라엘의 갈릴리 지구 서쪽의 항구 도시로 역사적으로 팔레스타인 지역과 지중해 연안 및 유럽을 연결하는 전략적 요충지로 여겨져 왔습니다.

제1차 십자군 이후 팔레스타인 지역에 세워진 십자군 국가는 모두 4개로 다음과 같습니다.

에데사 백국(County of Edessa, 1098년–1144년) 십자군 지도자인 보두앵 드 볼로뉴Baudouin de Boulogne는 에데사[3]의 영주 토로스를 회유하여 자신을 양자로 인정하게 합니다. 양자 의식을 치룬 며칠 후 토로스 영주는 시민 폭동에 의해 암살되었습니다.[4] 보두앵은 통치자의 자리에 올라 백작이 되었음을 선언하고, 최초의 십자군 국가를 건국합니다.

안티오키아 공국(Principality of Antioch, 1098년–1268년) 십자군의 지도자인 남 이탈리아의 노르만인 봉건 영주 보에몽Bohemund은 안티오키아를 점령하고 안티오키아 공국을 건설합니다. 이후 보에몽은 십자군의 본래 목적인 예루살렘 공략에는 참가하지 않습니다.

예루살렘 왕국(Kingdom of Jerusalem, 1099년–1291년) 십자군의 지도자인 고드프루아 드 부용Godefroy de Bouillon는 예루살렘을 점령한 후 로마 교황청에 의해 성묘의 수호자로 임명됩니다.[5] 고드프루아가 죽은 후 그의 동생인 에데사 백국의 보두앵 드 볼로뉴가 왕위에 오르면서 예루살렘 왕국[6]이 탄생하게 됩니다.

[3] 현재 터키의 우르파 지역을 말합니다.
[4] 이 암살에 보두앵이 관여되었는지 여부는 알려져 있지 않습니다.
[5] 예수 그리스도가 왕으로 있던 지역에서 자신이 왕이 되는 경우에는 예수 그리스도와 동일한 전철을 밟게 될 것이라는 두려움 때문에 왕이 되는 것을 거절합니다.
[6] 예루살렘 왕국에는 많은 속국들이 있었는데 그 중 가장 중요한 국가는 가리라야 공국, 야파와 아스칼론백국, 우르트레조르당령, 시돈령 등 4개입니다.
[7] 아르메니아 왕국은 역사상 최초로 기독교를 국교로 공인한 나라입니다.
[8] 폴란드의 비수아 강 중류 지역을 중심으로 하는 역사적인 지방의 명칭입니다. 현재는 폴란드령으로 바르샤바 주와 비아우이스토크 주로 이루어져 있습니다.

트리폴리 백국(County of Tripoli, 1104년–1289년) 제1차 십자군의 지도자인 툴루즈 백작 레몽 드 생 질Raymond de Saint-Gilles이 건국합니다.

킬리키아의 아르메니아 왕국[7]은 십자군 이전에 세워졌지만 교황 인노첸시오 3세(Innocentius III, 재위 1198년–1216년)가 기독교 왕국의 지위를 부여하였습니다.

십자군 국가

영 지 13세기 중엽 마조비아Mazovia[8]의 콘라트Konrad 공작은 독일 기사단에게 프로이센 지역을 정복해 달라는 요청을 하게 됩니다. 1233년 독일 기사단은 프로이센 정복을 개시하였으며, 그 뒤 50년에 걸쳐 비수아 강 하류에서 네만 강 하류에 이르는 지역을 점령하고 대부분의 프로이센 토착민들을 몰살한 뒤 프로이센에 대한 지배권을 확립하였습니다.

독일 기사단은 정복지의 1/3에 달하는 지역을 교회에 봉헌하고, 그곳에 새로 생긴 도시에 상당한 자치권을 허용하면서 프로이센의 지배 세력으로 등장하였습니다.

1291년 십자군 국가인 예루살렘 왕국이 멸망하자 독일 기사단은 이교도인 리투아니아에 대한 원정에 나서지만 리투아니아를 완전히 복속시키지는 못하였습니다.

1410년 리투아니아와 폴란드의 연합군은 그룬발트 전투에서 독일 기사단에 대승을 거둡니다. 이 전투에서의 패배한 이후 독일 기사단은 점차 세력이 약화되었습니다. 1466년 독일 기사단은 영토의 서쪽 절반을 폴란드 왕가에 할양하였는데, 이 지역은 왕령 프로이센Royal Prussia[9]이라고 합니다. 이 때부터 독일 기사단은 독립적인 지위를 잃게 됩니다.

프로이센 공국

1525년 독일 기사단의 기사단장인 알브레히트 호엔촐레른Albrecht Hohenzollern은 가톨릭에서 신교로 개종하고 로마 교황청과의 관계를 단절합니다. 그는 독일 기사단을 해체[10]하고 독일

프로이센 공국과
왕령 프로이센

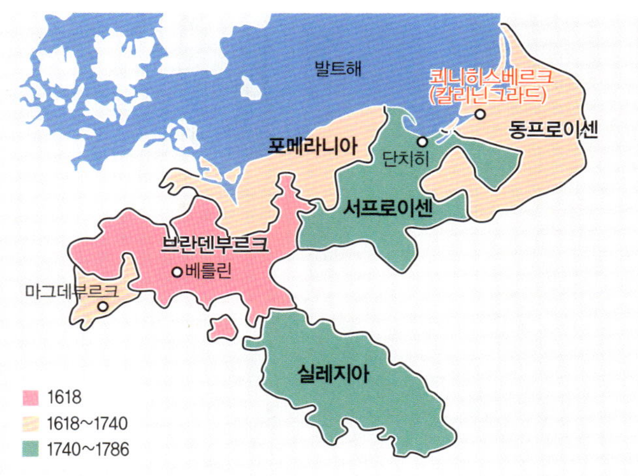

프로이센 공국의 확장

기사단령을 세속화하여 프로이센 공국Duchy of Prussia을 건국합니다.

1618년 프로이센 계인 호엔촐레른 가문의 대가 끊기게 되면서 브란덴부르크 선제후 지기스문트가 프로이센의 안나와 결혼하여 프로이센 공국을 상속하게 되어 브란덴부르크-프로이센 동군연합이 성립됩니다.

1657년 브란덴부르크 선제후選帝侯[11]프리드리히 빌헬름은 웰라우 조약으로 인하여 폴란드 왕국의 영향권에서 벗어나게 되었습니다. 선제후 빌헬름은 1701년 브란덴부르크 선제후 령과 프로이센 공국을 합

9 이 지역은 1772년에서야 프로이센 왕국으로 통합됩니다.

10 오스트리아 제국은 1834년 빈에서 독일 기사단을 교회의 명예 단체로 다시 창설하였습니다. 1929년에는 완전히 정신적인 명예 가톨릭 단체로 변신하였으며 오스트리아의 빈에 그 본부가 있습니다.

11 선제후는 신성 로마 제국 황제를 선정하는 역할을 하는 신성 로마 제국의 선거인단을 말합니다. 선제후는 대공, 공작, 백작 등으로 구성되었으며, 위계상으로는 신성 로마 제국의 봉건 제후들 가운데 왕이나 황제 다음으로 높았습니다.

하여 프로이센 왕국을 건국하며, 프리드리히 1세(Friedrich Ⅰ, 재위 1701년–1713년)로 즉위합니다. 프로이센 왕국은 쾨니히스베르크(현재의 칼리닌그라드)를 수도로 정합니다.

독일 제국 1870년 보불전쟁(프로이센–프랑스 전쟁)의 승리로 프로이센을 맹주로 하는 독일 제국이 성립합니다. 독일 제국은 22개의 군주국과 3개의 자유시 및 알자스–로트링겐 제국령[12]으로 구성되었으며, 프로이센 국왕이 독일 황제로, 프로이센의 총리 비스마르크(Otto Eduard Leopold von Bismarck, 1815년–1898년)가 독일 제국의 총리를 겸임하게 됩니다. 독일 제국에 소속된 국가들은 다음과 같습니다.

왕 국 프로이센, 바이에른, 작센, 뷔르템베르크

대공국 올덴부르크, 헤센–다름슈타트, 메클렌부르크–슈베린, 메클렌부르크–슈트렐리츠, 작센–바이마르–아이제나흐, 바덴

공 국 안할트, 브라운슈바이크, 작센알텐부르크, 작센마이닝겐, 작센–코부르크–고타[13]

후 국 리페, 샤움부르크리페, 발데크, 로이스Altere Linie, 로이스Jüngere Linie, 슈바르츠부르크–존더샤우젠, 슈바르츠부르크–루돌슈타트

자유시 함부르크, 뤼베크, 브레멘

제국령 알자스 - 로트링겐

[12] 현재는 프랑스에 포함된 알자스 로렌 지역을 말합니다.
[13] 이 공국의 후손들은 현재 영국과 벨기에의 왕가를 이루고 있습니다.

폴란드 회랑

폴란드 회랑

폴란드 회랑Polish Corridor은 폴란드와 발트 해를 잇는 길이 400km, 너비 32－112km의 좁고 긴 지역을 말합니다.

제1차 세계대전 이후 체결된 베르사유 조약에 따라 폴란드가 독립하고 독일의 동부 지역들은 신생국 폴란드에 속하게 됩니다. 독일은 이 때 폴란드 회랑을 폴란드에 할양하게 되는데, 이로 인해 동프로이센은 독일 본토와의 육로가 단절된 월경지가 됩니다.

폴란드 회랑을 통해 내륙국인 폴란드는 발트 해의 항구 도시 단치히로 나갈 수 있게 되었습니다. 그러나 단치히Danzig는 폴란드에 양도되지 않고 국제연맹이 관리하는 자유시로 설정되었으므로 폴란드는 그디니아Gdynia를 항구 도시로 개발하였습니다.

폴란드 9세기 후반 그네센[14]의 포비엘 공작이 죽은 후 그의 농장에서 일하던 피아스트의 아들 시에모비트가 폴란드의 피아스트Piast 왕조를 세웠다고 합니다.[15]

966년 미에슈코 1세(Mieszko I, 재위 963년-992년)는 가톨릭으로 개종하여 전형적인 국가의 모습을 갖추게 됩니다. 뒤를 이은 볼레수아프 1세(Boleslaw I, 재위 992년-1025년)는 영토를 계속하여 확장하여 폴란드 왕국을 건설하고 1024년 왕위에 오릅니다.

이후 폴란드는 왕의 칭호를 잃고 대공국이 되었으며, 중앙 정부의 힘은 점점 약해져 쇠퇴기를 겪게 됩니다. 볼레수아프 3세(Boleslaw III, 재위 1102년-1138년)는 사후 내분을 방지하기 위하여 영토를 아들들에게 나누어 상속하고, 장자에게는 폴란드 대공의 지위를 승계하도록 합니다. 이러한 분할 상속은 이미 분열되어 가던 폴란드에 더 많은 분열을 초래하여 폴란드는 수많은 공국으로 분열됩니다.

1320년 부아디수아프 1세(Wladyslaw I, 재위 1320년-1333년)는 분열된 폴란드 내의 공국들을 통합하여 폴란드를 재통일합니다. 그는 왕위를 부활시키고 폴란드 국왕으로 즉위하게 됩니다.

1384년 폴란드의 왕위는 10살의 야드비가Jadwiga 공주가 승계하게 됩니다. 리투아니아 대공국Grand Duchy of Lithuania의 요기일라 대공은 강력한 통치자를 원했던 폴란드 귀족들의 요구에 따라 야드비가 공주와 결혼하여 브와디스와프 2세(Wladyslaw II, 재위 1386년-1434년)로 즉위하고 야기에우워Jagiellonowie 왕

[14] 폴란드 중서부 포즈나인 주에 있는 도시로 현재의 지명은 그니에즈노입니다.

[15] 역사적인 기록은 없으며, 피아스트 왕조라는 명칭은 18세기 이후에 사용되었습니다.

조를 개창합니다. 이로써 리투아니아 대공국과 폴란드 왕국은 동군연합이 됩니다.

1410년 리투아니아와 폴란드의 연합군은 그룬발트 전투에서 독일 기사단에게 대승을 거두게 됩니다. 이후 1466년에는 독일 기사단으로부터 왕령 프로이센Royal Prussia을 할양받으면서 발트 해로 가는 통로를 확보하게 됩니다. 1573년 야기에우워 왕조가 끝나고, 폴란드 왕국은 귀족들이 국왕을 선출하는 일종의 귀족 공화정이 등장하였습니다. 이후 투르크, 스웨덴 등과 전쟁으로 인하여 국력은 점점 쇠퇴하게 되며, 1772년부터 1795년까지 세 차례에 걸친 폴란드 분할이 시작됩니다.

폴란드 분할

폴란드 분할Partitions of Poland은 18세기 폴란드-리투아니아 연합의 영토가 프로이센, 러시아, 오스트리아 3국에 의해 분할된 사건을 말합니다. 이 사건의 결과 폴란드는 더 이상 주권 국가로 존재하지 않게 되었으며, 이러한 상황은 1차 세계대전이 종료된 후 체결된 베르사유 조약에 따라 폴란드가 독립할 때까지 지속됩니다.

1차 분할(1772년) 러시아는 폴란드의 벨라루스 지방, 프로이센은 대폴란드 북부지방, 오스트리아는 소폴란드와 서부 포돌리아, 갈리치아를 각각 차지하게 됩니다. 이 분할로 인하여 폴란드는 전체 국토와 인구의 1/3을 상실하게 됩니다.

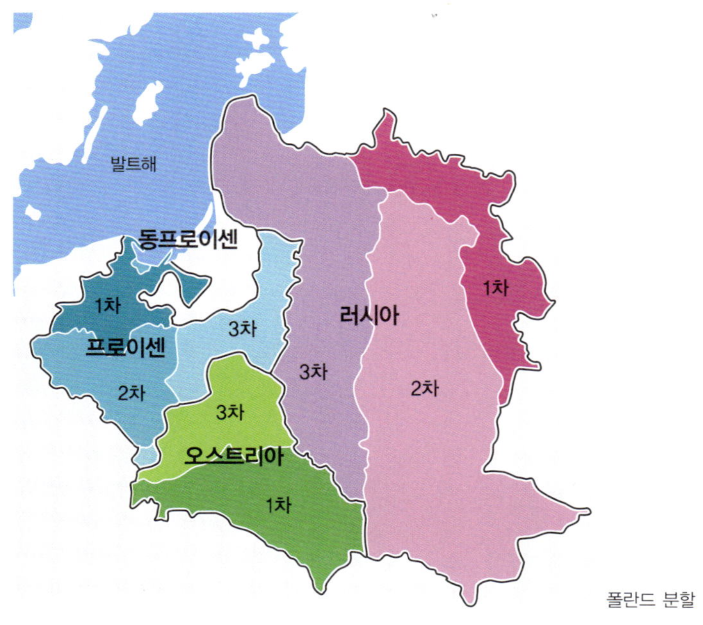

폴란드 분할

2차 분할(1793년) 러시아는 리투아니아의 벨라루스 지방과 서부 우크라이나 지방, 프로이센은 단치히, 토룬, 마조비아의 일부 지방을 각각 차지하게 됩니다. 오스트리아는 프랑스 혁명으로 인하여 참가하지 않습니다.

3차 분할(1795년) 러시아는 쿠를란드와 리만강 동부의 리투아니아 영토, 프로이센은 바르샤바를 포함한 마조비아 전역과 리만강 서부의 리투아니아 영토, 오스트리아는 크라쿠프와 소폴란드 지방의 전역을 각각 차지하게 됩니다. 이 분할로 인하여 폴란드-리투아니아 연합은 유럽 지도 상에서 완전히 사라지게 되었습니다.

다시 폴란드 회랑

폴란드 회랑은 원래 폴란드의 영토였으나 1772년 제1차 폴란드 분할 당시 프로이센이 폴란드 서부지역인 왕령 프로이센을 차지하게 되면서 프로이센령이 되었던 지역입니다. 따라서 폴란드 회랑이 신생 독립국인 폴란드에게 귀속된 것은 당연한 것이라고도 할 수 있습니다. 그러나 이로 인해 독일 본토와 동프로이센이 분리되면서 독일인들은 많은 반감을 갖게 됩니다.[16]

1939년 나치 독일의 아돌프 히틀러는 단치히의 반환을 요구하는 한편, 폴란드 회랑을 가로질러 독일 본토와 동프로이센을 연결하는 고속 도로 건설을 허락해주고, 이 도로상에서의 독일의 치외 법권을 인정할 것을 요구하게 됩니다. 폴란드가 요구를 거절하자 독일은 폴란드를 침공하여, 폴란드 회랑, 단치히, 포젠을 비롯해 슐레지엔 경계 주변의 지역을 병합하게 됩니다.

제2차 세계대전이 끝난 뒤 폴란드 회랑은 단치히, 동프로이센의 남부 지역과 함께 폴란드 영토가 됨으로써 폴란드 회랑을 둘러싼 분쟁은 사라지게 됩니다. 이 때 동프로이센의 북부 지역은 소련[17]에 할양되어 칼리닌그라드주가 됩니다.

[16] 물론 독일인들은 폴란드 회랑을 자유롭게 통과할 수 있도록 허용되었습니다.

[17] 1917년부터 1991년까지 존속했던 세계 최대의 사회주의 국가로 공식 명칭은 소비에트 사회주의 공화국 연방(Union of Soviet Socialist Republic, U.S.S.R.)입니다. 1991년 발트 해 연안의 에스토니아 · 라트비아 · 리투아니아 등 3개 공화국이 소련으로부터 탈퇴하여 독립하였으며, 1991년 12월 8일 러시아 연방, 우크라이나, 벨로루시가 새로운 독립국가연합(CIS)을 결성하는 데 서명함으로써 정식으로 해체되었습니다.

칼리닌그라드 소련에 할양된 동프로이센, 즉 칼리닌그라드에 거주하던 독일 주민들은 1948년까지 거의 추방되고 러시아인들이 이주해 왔습니다. 1946년 소련의 미하일 칼리닌(Mikhail Kalinin, 1875년－1946년)[18]이 죽자 그의 이름을 따서 쾨니히스베르크를 칼리닌그라드로 이름을 바꾸게 됩니다.

1990년대 초 소련의 붕괴로 인해 칼리닌그라드와 칼리닌그라드 주는 러시아 본토와 떨어진 고립된 지역이 되었습니다. 그러나 칼리닌그라드는 부동항이기 때문에 러시아 발트 함대의 중요한 근거지가 되고 있습니다.

임마누엘 칸트 임마누엘 칸트(Immanuel Kant, 1724년－1804년)는 칼리닌그라드 출신의 독일 철학자로 서유럽 근세 철학의 전통을 집대성하고, 전통적 형이상학을 비판하며 비판 철학을 탄생시켰습니다. 칸트는 '순수이성비판(Kritik der reinen Vernunft, 1781)', '실천이성비판(Kritik der praktischen Vernunft, 1788)', '판단력비판(Kritik der Urteilskraft, 1790)' 등 3권의 비판서 간행 후 몇 년이 지나지 않아 순식간에 전 독일의 대학 · 논단을 석권하였고, 피히테에서 헤겔에 이르는 독일 관념 철학의 기초를 닦았습니다. 칼리닌그라드에 있는 칸트의 묘비에는 '실천이성비판'의 다음과 같은 구절이 새겨져 있습니다.

> '내 마음을 늘 새롭고 더 한층 감탄과 경외심으로 가득 채우는 두 가지가 있다. 그것은 내 위에 있는 별이 빛나는 하늘과 내 속에 있는 도덕법칙이다.'

다비드 힐베르트

다비드 힐베르트(David Hilbert, 1862년－1943년)는 칼리닌그라드 출신의 수학자입니다. 힐베르트는 1900년 파리에서 개최된 국제 수학자 회의에서 20세기에 해결해야 할 23개의 문제를 제기하였습니다.[19] 힐베르트는 처음에는 24문제를 생각하였으나, 맨 마지막 문제를 공개하지 않기로 결정하였다고 합니다. 24번째 문제는 나중에 독일 역사학자인 뤼드게르 틸레Rüdiger Thiele가 2000년에 재발견하였습니다. 힐베르트의 묘비에는 그가 은퇴하면서 행한 고별 연설의 마지막에 남긴 유명한 경구가 적혀 있습니다.

⑱ 러시아의 혁명가이자 소련의 정치가로 '사회주의 노동의 영웅'이라는 칭호를 얻었습니다.

⑲ 힐베르트 문제 중 미해결된 대표적인 문제는 '2보다 큰 모든 짝수는 두 소수의 합으로 나타낼 수 있다.'는 골드바흐 추측입니다.

'우리는 알아야만 한다. 우리는 알게 될 것이다.'

Exclave 13

Sankovo-Medvezhye

산코바-메드베체

면적 4.5㎢ **인구** 없음

산코바-메드베체Sankovo-Medvezhye는 러시아의 영토로 벨라루스Belarus* 영토 내에 있는 월경지이자 위요지입니다. 러시아 국경으로부터는 800m 정도 떨어져 있습니다.

* 과거에는 벨로루시라고 표시하였으나 해당 국가의 요청으로 벨라루스로 변경하였습니다. 그루지아(Georgia)도 마찬가지로 2010년 7월 해당 국가의 요청으로 조지아로 변경하였습니다.

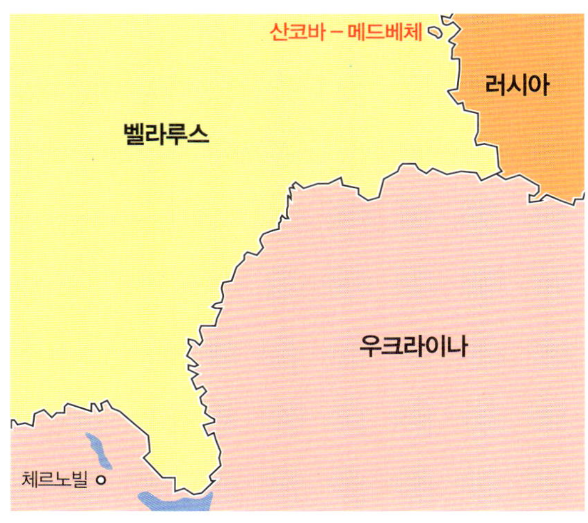

산코바 – 메드베체의 위치

역 사 20세기 초 미국 펜실베니아 주의 광부로 일했던 러시아인들이 귀국하면서 이 지역의 농지를 구입하고 농장을 만들었다고 합니다. 1926년 소련 내의 벨라루스 공화국과 러시아 공화국 간 국경을 정할 때 국경은 동쪽으로 이동하게 되지만 이 지역만 지역 농민들의 의사에 따라 러시아 공화국의 브랸스크 주의 일부가 됩니다.

제2차 세계대전 중 독일군이 이 지역을 불태우지만 종전 후에는 러시아인들이 다시 정착하게 됩니다. 1986년 체르노빌 원전 사고로 인하여 이 지역은 방사능으로 오염되어 더 이상 사람들이 살지 않게 되었습니다.

체르노빌 원전 사고

체르노빌 원전 사고Chernobyl disaster는 1986년 4월 26일 1시 23분(모스크바 기준 시간)에 소련(현재 우크라이나)의 체르노빌 원자력 발전소에서 발생한 폭발에 의한 방사능 누출 사고를 말합니다. 이 사고는 미국의 예언가 에드가 케이시가 1923년에 예언한 것으로 알려져 있습니다.[1]

이 사고로 발전소에서 누출된 방사성 강하물이 우크라이나와 벨로루시, 러시아 등에 떨어져 심각한 방사능 오염을 초래하였습니다. 사고 후 소련 정부의 대응이 지연되어 사상 최악의 원자력 사고로 기록되었습니다.[2]

[1] 이에 대해서는 MBC에서 2009년 4월 19일에 방송한 '신기한 TV 서프라이즈'를 참조하시기 바랍니다.

[2] 2011년 3월 13일 지진의 여파로 일본의 후쿠시마 제1원자력 발전소에서 발생한 원자력 사고와 같이 국제 원자력 사고 척도에 의해 분류된 사고 등급 중 최고 등급인 7등급에 올라있습니다.

소련의 해체

산코바-메드베체는 소련 시절에는 문제가 발생하지 않았으나 소련이 해체되고 벨라루스가 독립을 하면서 러시아의 월경지가 됩니다. 현재는 국경 지역에 세관이 없기 때문에 밀수꾼들의 통로로 이용되고 있다고 합니다.

Tips

에드가 케이시

에드가 케이시(Edgar Cayce, 1877년-1945년)는 노스트라다무스(Nostradamus, 1503년-1566년) 이후 가장 위대한 예언가로 알려져 있습니다. 에드가 케이시의 예언은 대부분 잠자고 있을 때 잠재 의식에서 말하는 방식인 리딩Reading에 의해 이루어졌습니다. 에드가 케이시의 예언 중 실현된 것들은 다음과 같습니다.

① 금융 시장에 거대한 공황이 생길 것이다.(1929년의 세계대공황 예언)
② 사해에서 히브리어 구약 성경이 발견될 것이다.(1947년부터 1956년까지 사해 문서 발견)
③ 러시아 공산주의 붕괴의 예언(소련에서 공산주의가 붕괴 된 후에 각 민족들이 독립)
④ 레이저의 발견과 혈액검사법 예언
⑤ 제2차 세계대전의 개전과 종전 일자를 정확히 예언
⑥ 유럽에서 가축을 죽음에 이르게 하는 질병이 만연되고 이는 다시 미국 서부 지역으로 확산된다. 사람들은 질병이 더 크게 퍼지기전 수백만의 가축을 도살하고 소각할 것이다.(광우병, 조류 독감, 신종 플루 등의 유행)

그러나 에드가 케이시의 예언 중 아직 실현되지 않은 예언들은 다음과 같습니다.

① 미국 서부 지역에서 땅이 갈라질 것이다.
② 미국의 오대호가 멕시코 만으로 흘러 들어가고 해안선이 전체적으로 변할 정도로 굉장한 변화가 일어날 것이다.
③ 일본은 반드시 바닷 속으로 침몰할 것이다.*
④ 북극과 남극 지역에도 지각 변동이 일어나고 열대 지역에서는 화산 폭발이 일어날 것이며 땅이 쪼개질 것이다. 유럽 북부는 눈 깜짝할 사이에 변화할 것이다.
⑤ 지구의 극이 이동할 것이다.

* 2011년 3월 11일 14시 46분경 일본 혼슈 미야기 현 센다이 동쪽 179km지점의 해역에서 모멘트 규모 9.0의 강진이 발생하였습니다. 이 지진은 전세계 역사상 5번째이며 일본 역사상 최대 규모 입니다.

Exclave 14

뷔지겐

Büsingen am Hochrhein

면적 7.62㎢ **인구** 1,435명(2009년 기준) **언어** 독일어

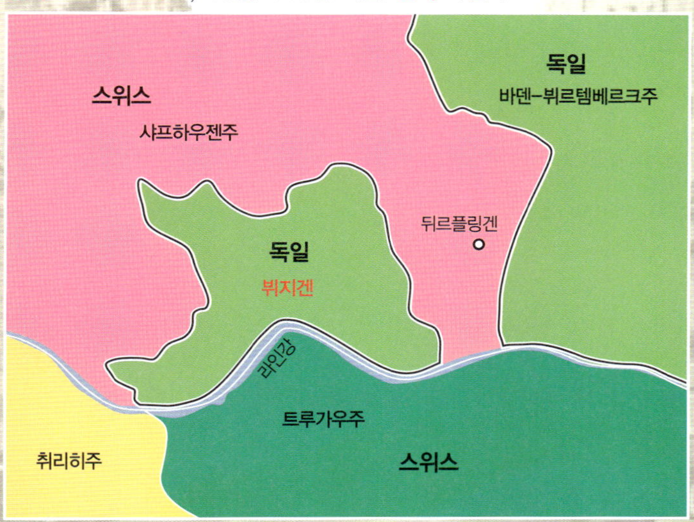

뷔지겐Büsingen am Hochrhein은 독일의 바덴-뷔르템베르크Baden-Württember 주에 속해 있으나 스위스 중북부에 있는 샤프하우젠Schaffhausen 주에 둘러싸여 있는 월경지입니다.

뷔지겐의 남쪽에는 라인 강이 흐르고 있으며, 라인 강 너머에는 스위스의 취리히Zürich 주와 투르가우Thurgau 주가 있습니다. 따라서 국가를 기준으로 하는 경우에는 스위스 영토에 둘러싸여 있는 독일의 위요지이지만, 주를 기준으로 하는 경우에는 위요지에 해당되지 않습니다.

뷔지겐의 위치

독일 바덴-뷔르템베르크 주 독일의 바덴-뷔르템베르크 Baden-Württemberg 주는 독일 서남부에 있는 주로, 면적 35,751km², 인구는 1,074만명(2009년 기준)입니다. 1952년 제2차 세계대전 후 미국이 점령한 지역인 뷔르템베르크바덴, 프랑스가 점령한 지역인 쥐트뷔르템베르크호엔촐레른과 쥐트바덴 등을 다시 통합하여 신설된 주입니다.

바덴은 독일 남서부 라인 강 오른쪽에 있었던 대공국으로 1871년 독일 제국의 일부가 되었습니다. 독일 제국의 패전으로 1918년 군주제가 폐지되고 공화제가 되었습니다. 1952년 이웃의 뷔르템베르크 주와 통합되었습니다.

뷔르템베르크는 독일 서남부 슈바벤에 있었던 지역 이름으로 1495년에는 뷔르템베르크 공국, 1806년부터 1918년까지는 뷔르템베르크 왕국이었습니다. 1871년 독일 제국의 일부가 되었다가 1918년 독일 제국의 패전으로 군주제가 폐지되고 자유주가 되었습니다. 1952년에는 이웃의 바덴 주와 통합되었습니다.

바덴-뷔르템베르크 주의 주도는 슈투트가르트Stuttgart이며, 슈투트가르트에는 메르세데스 벤츠와 포르쉐의 본사가 있습니다. 메르세데스 벤츠Mercedes-Benz Arena는 자동차 제조회사로 현재는 다임러 AGDaimler AG의 브랜드 중 하나입니다. 한편, 포르쉐Porsche SE, Porsche는 자동차 제조회사로 포르쉐 AGDr. Ing. h.c. F. Porsche AG와 폭크스바겐 AG가 대주주입니다.

한편, 슈투트가르트는 1893년에 창단된 축구 클럽 VfB 슈투트가르트(Verein für Bewegungsspiele Stuttgart 1893 e.V.)의 연고지로 메르세데스 벤츠 아레나Mercedes-Benz Arena 경기장을 홈구장으로 사용하고 있습니다. 독일 분데스리가Bundesliga[1]에서는 3회 우승을 하였습니다.

스위스 샤프하우젠 주

스위스의 샤프하우젠Schaffhausen 주는 스위스의 최북단에 위치한 주로 면적은 298km²이며, 인구는 7만 6천명(2009년 기준)입니다. 스위스 연방에는 1501년에 가입하였으며, 주도는 샤프하우젠입니다.

샤프하우젠 주는 라인 강 북쪽으로 독일 영토 내에 돌출되어 있어 남쪽을 제외한 삼면이 독일에 둘러싸여 있습니다. 샤프하우젠 주의 남쪽으로는 라인Rhein[2] 강이 흐르고 있습니다.

샤프하우젠 주와 취리히 주의 경계를 이루는 라인 강 상류에는 유럽 최대의 폭포인 라인 폭포Rhine Falls가 있습니다. 라인 폭포의 높이는 24m, 너비는 113m에 달하며, 2개의 큰 폭포로 나누어져 있습니다.

11세기에 베네딕토 회[3]의 수도원이 생겨 수도원을 중심으로 발전하기 시작했으며 1415년 이 부근에서 열린 콘스탄츠 공의회Council of Konstamz[4] 이후 합스부르크 왕가로부터 독립을 하였습니다. 1451년에는 스위스 동맹과 제휴하였으며, 1501년에는 스위스 동맹에 가입하게 됩니다.

처음 샤프하우젠에서 영역을 넓힌 곳이 불규칙하여 독일에 둘러싸이게 되었으며 일부 지역은 월경지로 분리되어 있습니다. 샤프하우젠 주 외에도 스위스의 각 주에는 수 많은 월경지와 위요지들이 존재합니다.

❶ 독일 축구 1부 리그로 영국의 프리미어리그, 스페인의 프리메라리그, 이탈리아의 세리아A와 함께 유럽 축구의 4대 리그로 불리고 있습니다.

❷ 라인 강은 스위스 그라우뷘덴(Graubünden) 주에 속하는 알프스 산지에서 발원하여 북해로 흘러가는 국제 하천으로 길이가 1,230km에 이릅니다.

❸ 수도원 생활의 규범으로 세운 계율(베네딕토 규칙서)을 따르는 남녀 수도회들의 연합체를 말합니다. 529년 누르시아의 베네딕토가 창건한 로마 가톨릭의 수도회로 오늘날에도 활발하게 활동하고 있습니다.

❹ 콘스탄츠 공의회(1414년–1418년)는 신성 로마 황제 지기스문트(Sigismund)가 제창하여 교황 요한네스 23세가 남독일 보덴 호의 콘스탄츠에 소집한 종교 회의입니다.

생활 뷔지겐은 스위스의 뒤르플링겐Dörflingen 마을에 속하는 좁은 땅(약 700m)에 의해 독일 본토와 분리되어 있습니다. 공식 통화는 유로화이지만 생활권이 스위스에 속해 있어서 스위스 프랑을 더 많이 사용합니다.

대중 교통, 우편, 전화 등 공공 서비스는 독일과 스위스 모두로부터 제공받고 있습니다. 예를 들어, 뷔지겐에 편지를 보내는 경우에는 독일 우편 주소나 스위스 우편 주소 중 어느 곳으로 보내도 상관이 없습니다. 한편, FC 뷔지겐은 스위스 축구 리그에 소속되어 있는 유일한 독일 축구팀입니다.

주민 투표 1918년 뷔지겐 주민들은 스위스 연방에 가입할지 여부를 결정하는 주민 투표를 실시하였습니다. 이 투표에서 주민의 96%는 스위스 연방에 가입하는 것을 찬성하였습니다. 그러나 스위스 연방에서는 뷔지겐의 스위스 연방 편입과 관련된 어떠한 제안도 한 적이 없었습니다. 이후 뷔지겐의 이러한 시도는 스위스 연방에 의하여 거부되었으며, 그로 인해 뷔지겐은 계속 독일의 월경지로 남아있게 되었습니다.

1967년 10월 4일 독일과 스위스는 협상을 통해 뷔지겐은 공식적으로 독일의 월경지를 유지하고 또 다른 독일의 월경지인 페레나호프Verenahof는 스위스 연방에 포함하기로 합의하였습니다. 페레나호프는 독일과 스위스의 국경으로부터 200–300m 떨어져 있었으며, 3채의 집과 12명의 주민들로 구성되어 있었습니다.

셍겐 조약 1985년 6월 14일 독일, 프랑스, 네덜란드, 벨기에, 룩셈부르크 5개국은 룩셈부르크의 작은 도시 셍겐 근처의 모젤 강에 떠 있던 프린세세 마리–아스트리드Princesse Marie–Astrid의 선상에서 셍겐 조약Schengen agreement을 조인하게 됩니다.

생겐 조약의 목표는 생겐 국가Schengenland란 이름으로 알려진 생겐 영역 안에서 국경 검문소나 국경 검사소를 폐지하여 국가 간의 통행에 제한을 없애는데 있습니다. 아일랜드와 영국을 제외한 모든 EU 가입국과 EU 비가입국인 아이슬란드, 노르웨이, 스위스 등 총 28개국이 조약에 서명하였으며, 그 중 24개국이 조약을 시행하였습니다.

뷔지겐은 생겐 가맹국 내에 있지만 스위스가 생겐 조약을 이행하지 않아 처음에는 생겐 조약의 대상에서 제외되었습니다. 2008년 12월 스위스가 생겐 조약을 이행할 때 뷔지겐도 생겐 지역에 포함되었습니다.

Tips

스위스 연방과 반주

스위스 연방은 26개의 주로 이루어져 있으며, 스위스의 주를 칸톤Kanton이라고 합니다. 1848년 스위스 연방이 성립하기 이전에 각 주들은 국방과 통화를 포함한 완벽한 형태의 자치권을 보장받고 있었습니다.

스위스의 주는 란트슈게마인데Landsgemeinde라는 직접 민주 정치를 시행하는 것으로 유명합니다. 란트슈게마인데는 1년에 한 번씩 주민들이 광장에 모여 그 고장의 중요 사항을 결정하는 직접 민주제의 한 형태를 말합니다. 현재에는 아펜첼 이너로덴Appenzell Innerrhoden 주와 글라루스Glarus 주에서만 이 제도가 남아 있습니다.

한편 스위스의 주에는 종교 분쟁 등의 이유로 하나의 주에서 분리된 반주(Halbkanton, 半州)가 있습니다. 스위스의 반주는 다음의 6개가 있습니다.

① **바젤란트 · 바젤슈타트 반주** : 1501년 바젤 Basel 주로 스위스 연방에 가입하였으나 종교적인 문제로 농촌 지역과 도시 지역 간의 대립이 심했습니다. 1833년 농촌 지역은 바젤란트Basel Land 주로, 도시 지역은 바젤슈타트 주Basel Stadt로 갈라져 반주가 됩니다.

② **아펜첼아우서로덴 · 아펜첼이너로덴 반주** : 1513년, 아펜첼 Appenzell 주라는 이름으로 스위스 연방에 가입하였습니다. 종교 개혁이 일어난 이후 개신교가 우세한 평야 지역은 아펜첼아우서로덴Appenzell – Ausserrhoden 주가 되고, 로마 가톨릭이 우세한 산악 지역은 아펜첼이너로덴Appenzell Innerrhoden 주가 되어 반주가 됩니다.

③ **옵발덴 · 니트발덴 반주** : 1291년 스위스가 형성될 때 운터발덴Kanton Unterwalden 주라는 하나의 주로 존속하고 있었습니다. 1340년 운터발덴 주는 삼림 지역을 경계로 강 상류 지역은 니트발덴Nidwalden 주가 되었고, 강 하류 지역은 옵발덴Obwalden 주로 분리되었으나 거의 모든 일을 함께 처리하였습니다. 1798년 프랑스가 스위스를 점령하여 헬베티아 공화국*이 결성되자, 중앙 집권 제도로 법이 변경된 헬베티아 공화국의 정책에 옵발덴 주는 저항하지 않았으나, 니트발덴 주는 심하게 저항하게 됩니다. 이에 따라 헬베티아 공화국은 옵발덴 주와 니트발덴 주를 행정적으로 완전히 분리시키고, 1878년에는 각자 독자 헌법을 제정하고 반주가 됩니다.

1999년 스위스 연방 정부는 기존에 존재하던 반주半州법을 폐지시키게 됩니다. 이로써 6개의 반주는 모두 하나의 주로써 인정되어 연방 정부에서 독자적인 발언권을 갖게 됩니다.

* 나폴레옹이 현재 스위스 지방에 세운 중앙 집권 형태의 공화국으로 1798년부터 1803년까지 존속하였던 국가입니다.

Exclave 15

Jungholz

융홀츠

면적 7㎢ **인구** 323명(2005년 기준)

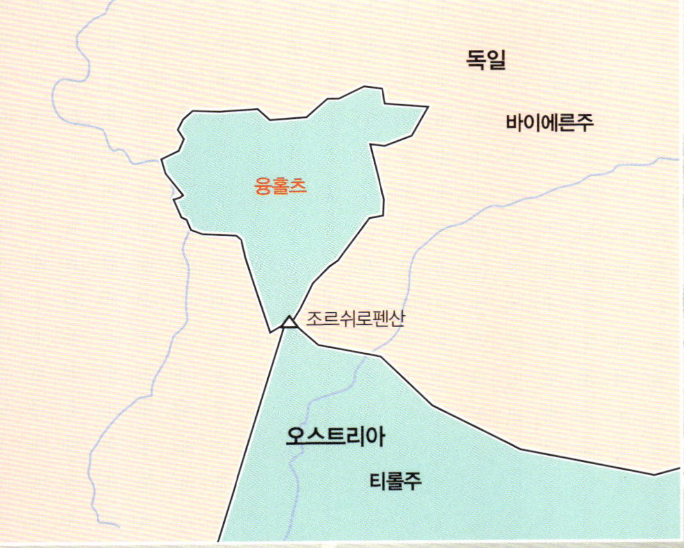

융홀츠Jungholz는 오스트리아 티롤Tirol 주의 로이테Reutte 지역에 속해 있는 조그만 마을입니다. 오스트리아에서 융홀츠로 접근할 수 있는 유일한 지점은 조르그쉬로펜Sorgschrofen(1636m) 산의 정상뿐입니다. 융홀츠는 독일에서만 접근할 수 있으므로 오스트리아의 실질적 월경지practical exclave로 분류됩니다.

오스트리아 티롤 주

티롤Tirol 주는 오스트리아 서부에 위치해 있는 주로 면적은 12,648km², 인구는 70만 2천명(2009년 기준)입니다. 티롤 주는 알프스 산맥의 산간 지역에 위치해 있으며, 북쪽으로는 독일, 남쪽으로는 이탈리아와 각각 국경을 접하고 있습니다.

티롤은 유럽 중앙부에 위치한 역사적인 지역을 일컫는 지명입니다. 제1차 세계대전까지는 오스트리아-헝가리 제국의 일부였으나 전쟁이 끝난 이후 티롤의 남부 지역은 이탈리아로 귀속됩니다. 이로 인하여 한 때 오스트리아와 이탈리아 사이에 영토 분쟁이 발생하기도 하였습니다.

이탈리아에 귀속된 티롤의 남부 지역은 이탈리아의 트렌티노알토아디제Trentino-Alto Adige[1] 주를 이루고 있습니다. 독일어로는 트렌티노쥐트티롤Trentino-Südtirol이라고 하는데, 쥐트티롤이라는 명칭은 '남부 티롤'이라는 의미입니다.

[1] 이러한 역사적인 배경으로 인하여 이탈리아 내에서 상당한 자치권이 부여된 자치주로 지정되어 있으며, 이탈리아어 외에도 독일어가 공용어로 지정되어 있습니다.

인스브루크

티롤 주의 주도는 인스브루크Innsbruck로 1964년과 1976년에 동계 올림픽이 개최되었습니다. 1976년의 동계 올림픽은 원래 미국 콜로라도 주의 덴버에서 유치하였으나 환경과 비용 등의 문제로 개최권을 반납함에 따라 대신 개최된 것입니다.

융홀츠의 위치와 티롤 주의 월경지

월경지 티롤 주는 주도인 인스브루크 시와 8개의 군으로 구성되어 있습니다. 이 중 1개의 군은 리엔츠Lienz를 중심으로 동부 지역에 위치한 월경지에 해당합니다. 이 지역은 티롤 주 북부 지역에서 이탈리아를 통과하거나 오스트리아의 잘츠부르크Land Salzburg 주를 거쳐서만 갈 수 있습니다.

리엔츠를 중심으로 한 이 지역은 제1차 세계대전 후 남부 티롤이 이탈리아에 귀속되면서 티롤 주의 북부와 분리되었습니다. 1938년 오스트리아가 독일에 병합되면서 인근의 케르텐 주에 귀속되었다가 제2차 세계대전이 끝난 후 다시 티롤 주에 속하게 되었습니다.

클라인발제르탈

오스트리아의 서쪽 끝에 있는 포어아를베르크 주에 속해 있는 클라인발제르탈Kleinwalsertal은 지형적인 이유로 오스트리아에서는 접근할 수 없습니다. 따라서 독일의 오베르스트도르프Oberstdorf를 통해서만 접근할 수 있기 때문에 실질적 월경지로 분류됩니다. 이 곳은 브라이트아흐Breitach 강을 따라 위치한 미텔베르크Mittelberg, 허쉐그Hirschegg 및 리쫄레른Riezlern의 3개 마을로 이루어져 있습니다.

클라인발제르탈은 중부 유럽에서 스키와 하이킹으로 유명한 곳입니다. 인구는 약 5천명이며, 관광객들을 위하여 1만 2천명이 묵을 수 있는 숙박시설이 있습니다.

클라인발제르탈

오스트리아의 포어아를베르크 주

오스트리아 포어아를베르크 주

오스트리아의 포어아를베르크 Vorarlberg 주는 오스트리아 서쪽 끝에 위치해 있는 주로, 면적은 2,601km², 인구는 37만명이며 주도는 브레겐츠 Bregenz 입니다.

오랫동안 티롤에 속했다가 제1차 세계대전 후 오스트리아 공화국이 출범하면서 독립된 주가 되었습니다. 1919년 스위스 연방 편입을 결정하는 주민투표가 실시되었으며, 주민의 다수가 스위스 편입을 찬성하였으나 연합국, 스위스 및 오스트리아가 모두 반대하여 오스트리아의 한 주로 남게 되었습니다.

Exclave 16

Samnaun

삼나운

면적 56.2㎢ **인구** 813명(2009년 기준)

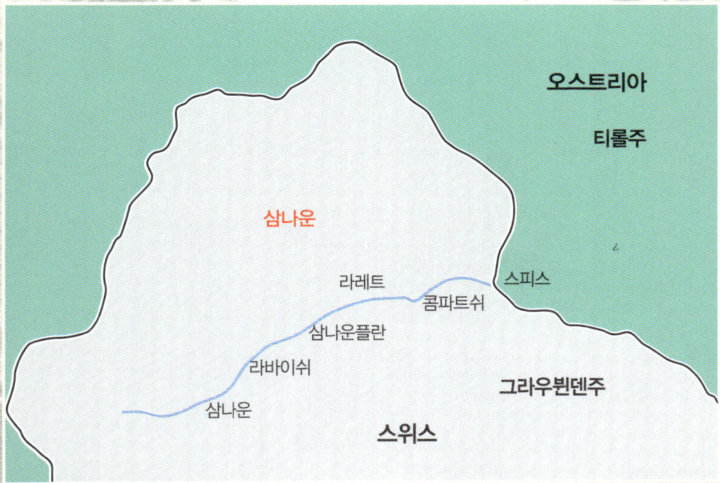

삼나운Samnaun은 스위스의 그라우뷘덴Graubünden 주의 인Inn 지역에 있는 도시입니다. 삼나운은 오스트리아의 스피스Spiss 지역으로만 접근할 수 있기 때문에 스위스의 실질적 월경지에 해당합니다.

삼나운은 삼나운Samnaun, 라바이쉬Ravaisch, 삼나운플란Samnaun–Plan, 라레트Laret 및 콤파트쉬Compatsch등 5개의 마을로 이루어져 있습니다.

삼나운의 위치와 스위스의 그라우뷘덴 주

스위스 그라우뷘덴 주 그라우뷘덴 주는 스위스 동남부에 있는 주로, 면적은 7,105 km², 인구는 19만 2천명(2009년 기준), 주도는 쿠어Chur입니다. 알프스 산맥의 험준한 지역으로 이루어져 있으며, 이탈리아, 오스트리아 및 리히텐슈타인과 국경을 접하고 있습니다.

그라우뷘덴은 쿠어의 주교가 통치하던 곳인데, 주교의 세력 확대를 저지하기 위해 동맹을 형성하였습니다. 이 지역의 주민들은 주로 회색 옷을 입었기 때문에 이 동맹을 회색 동맹이라는 의미의 그라우뷘덴으로 불렀으며, 이것이 현재의 주 명칭으로 이어졌습니다. 쿠어 주교의 통치권은 1526년 종식되었으며 1803년 정식으로 스위스 연방에 가입하였습니다.

로만슈 어 그라우뷘덴 주는 스위스 연방의 26개 주 중 면적이 가장 넓으나 인구는 적은 편이어서 인구 밀도가 가장 낮습니다. 그라우뷘덴 주는 스위스 연방의 4대 공용어 중 하나인 로만슈Rumantsch 어가 유일하게 사용되고 있습니다. 로만슈 어는 스위스 전체 인구의 1% 정도가 사용하는 언어로 사용 인구의 대부분이 고령이어서 사멸될 위기에 처해 있습니다.

다보스 그라우뷘덴의 휴양도시 다보스Davos에서는 1981년부터 매년 세계 경제 포럼World Economic Forum, WEF이 개최되고 있습니다. 세계 경제 포럼은 1971년 독일 출신인 하버드대의 클라우스 슈바브Klaus Schwab 교수가 창설한 비영리 재단으로, 본부는 스위스의 제네바에 있습니다. 초기에는 '유럽인 경영 심포지엄' 으로 출발하였으나 현재에는 세계 각국의 정상과 장관, 국제 기구 수장, 재계 및 금융계 최고 경영자들이 모여 각종 정보를 교환하고, 세계 경제 발전 방안 등에 대해 논의하고 있습니다.

토마스 만 1929년 노벨 문학상을 수상한 독일의 평론가이자 소설가인 토마스 만(Thomas Mann, 1875년－1955년)은 다보스의 요양소를 무대로 '마의 산(Der Zauberberg, 1924년)' 이라는 소설을 집필하였습니다. '마의 산' 은 완성하는데만 12년이 걸린 장편 소설로 독일의 전통적인 교양 소설[1]의 형식을 취하고 있습니다. 이 소설은 낭만주의적, 보수주의적 휴머니즘에서 사회적 휴머니즘으로 발전해 가는 토마스 만의 세계관을 나타내고 있습니다.

생모리츠 그라우뷘덴의 다른 휴양 도시인 생모리츠St. Moritz에서는 1928년과 1948년 두 차례에 걸쳐 동계 올림픽이 개최되었습니다.

❶ 주인공이 그 시대의 문화적, 인간적 환경 속에서 유년시절부터 청년 시절에 이르는 사이에 자기를 발견하고 정신적으로 성장해 나가는, 이를테면 자신을 내면적으로 형성해 나가는 과정을 묘사한 소설로 성장 소설이라고도 합니다.

Exclave 17

Principality of Liechtenstein

리히텐슈타인

면적 160㎢ **인구** 3만 6천명(2009년 기준) **언어** 독일어

리히텐슈타인Principality of Liechtenstein은 스위스와 오스트리아 사이 알프스 산기슭에 자리한 공국으로 현재 국가원수는 한스 아담 2세Hans Adam II입니다. 1919년 이래 외교권과 국방권은 스위스 연방에 위탁되어 있습니다.

리히텐슈타인의 위치

역 사 리히텐슈타인은 1699년 오스트리아 합스부르크가의 귀족이었던 리히텐슈타인 공작 한스 아담 1세가 신성 로마 제국 의회에 출석하기 위해 셀렌베르크Schellenberg를 구입한 것이 이 나라의 시초가 되었습니다. 1712년 파두츠 백작령을 추가로 구입하였으며, 1719년에는 신성로마 제국의 황제 카를 6세의 명에 의하여 셀렌베르크와 파두츠가 합병하여 리히텐슈타인 공국을 형성하고 신성 로마 제국에 속하게 됩니다.

1806년 신성 로마 제국이 붕괴한 이후 리히텐슈타인 공국은 라인 동맹에 가입하게 됩니다. 라인 동맹Rhein Bund은 프로이센 및 러시아와 프랑스 사이의 완충 지대 역할을 수행할 목적으로 나폴레옹이 독일의 중소 영방 국가Territorialstaat[1]들을 부추겨 결성한 동맹 체제를 말합니다.

[1] 중세 신성 로마 제국의 제후국들을 말합니다.

1815년 나폴레옹이 실각한 후 라인 동맹이 해체되면서 리히텐슈타인 공국은 독일 연방Deutscher Bund[2]에 귀속되게 됩니다. 독일 연방은 1866년 프로이센-오스트리아 전쟁 이후에 비스마르크에 의해 해체됩니다. 독일 연방의 해체를 계기로 리히텐슈타인 공국은 독립국이 되며, 1867년에는 영세 중립국을 선언합니다.

[2] 독일 연방은 1815년에 나폴레옹 전쟁의 결과를 수습하기 위하여 개최된 빈 회의에서 독일의 35개 군주국(君主國)과 4개 자유 도시를 통합하여 조직한 연방 국가를 말합니다.

제1차 세계대전까지는 오스트리아와 관세 동맹을 맺고 있었으나 제1차 세계대전 후에는 실질적으로 스위스의 보호 하에 들어갑니다. 1921년 입헌군주제에 대한 신헌법을 제정하고, 1924년에는 스위스와 관세 동맹을 체결함과 더불어 스위스 프랑을 리히텐슈타인의 공식 화폐로 결정합니다.

지 형

리히텐슈타인은 남북의 길이가 25km, 동서의 길이가 6km 정도 되는 작은 나라입니다. 독일 슈베비슈 알프스의 연장선 상에 있으며 국토의 대부분이 산악 지대입니다. 서쪽은 스위스, 동쪽은 오스트리아와 국경을 접하며, 국경의 길이는 총 77.9km입니다.

초기 리히텐슈타인 공국을 형성했던 셀렌베르크는 북부 지역에, 파두츠는 남부 지역에 위치하고 있습니다. 역사적으로 볼 때 리히텐슈타인은 대체로 이웃 유럽 국가들의 영향을 크게 받지 않고 고요한 전원 지역으로 남아있었으나 제2차 세계대전 이후에 급격한 산업화가 이루어집니다.

월경지와 위요지 리히텐슈타인은 모두 11개의 구로 이루어져 있으며, 수도는 파두츠Vaduz입니다. 파두츠는 인구가 5천 명 정도 되며, 스위스 국경 부근의 라인 강 동쪽 비탈면에 위치하고 있습니다. 리히텐슈타인의 각 구는 많은 월경지와 위요지가 있는데 그 내용은 다음과 같습니다.

파두츠Vaduz 5군데의 월경지가 있으며 그 중 하나는 샨에 있는 위요지입니다.

프랑켄Planken 3군데의 월경지가 있으며 그 중 하나는 샨에 있는 위요지입니다. 한편, 영내에는 샨의 월경지가 1개 있습니다.

샨Schaan 5군데의 월경지가 있으며 그 중 1개는 프랑켄에 있는 위요지입니다. 한편, 영내에는 파두츠와 프랑켄의 월경지가 각각 1개 씩 있습니다.

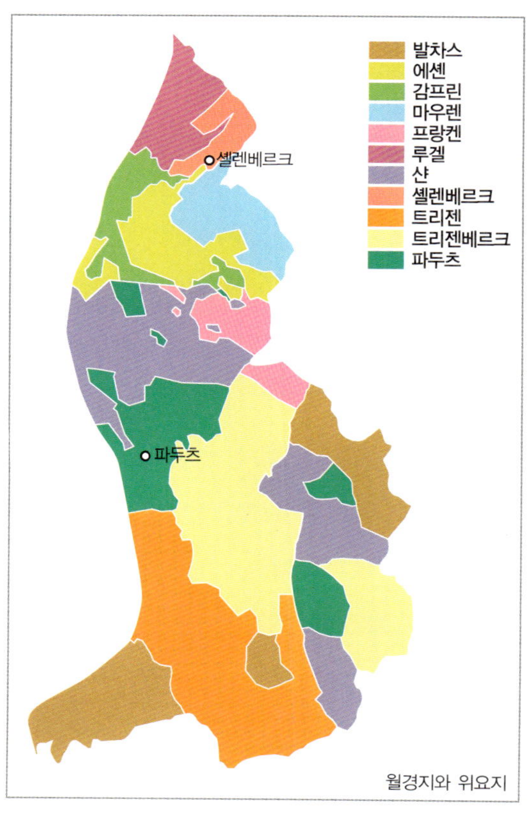

월경지와 위요지

에센Eschen 2군데의 월경지가 있습니다.

트리젠베르크Triesenberg 1군데의 월경지가 있습니다.

발차스Balzers 2군데의 월경지가 있습니다.

감프린Gamprin 1군데의 월경지가 있습니다.

생 활 리히텐슈타인은 낙농업이 주요 산업이지만 국제금융업이나 금속가공업 및 정밀기계업도 발달하였습니다. 인구가 많지 않아 국내 노동력이 부족하므로 많은 노동자들이 인근 국가인 스위스, 오스트리아 및 독일에서 매일 출퇴근하고 있습니다.

리히텐슈타인은 발행하는 우표가 아름답기로 유명합니다. 따라서 많은 관광객들이 우표를 구입하기 위하여 몰려드는데, 우표 판매로 인한 수입이 국고 수입의 많은 부분을 차지합니다. 수도인 파두츠의 우표 박물관을 찾아가면 리히텐슈타인을 비롯한 세계 각국의 우표와 우편 제도 발달사를 살펴볼 수 있습니다.

리히텐슈타인은 국적 취득이 쉽고 각종 세금 부담이 매우 가볍기 때문에 외국 자본이 지주 회사를 설립하고 있으며, 수도인 파두츠에는 2,000개 이상의 회사들이 등록을 해놓고 있습니다.

리히텐슈타인에는 국영방송사가 따로 없으므로 리히텐슈타인 국민들은 독일이나 오스트리아의 TV 방송을 위성 방송이나 케이블로 시청하고 있습니다. 또한 리히텐슈타인은 군대가 1868년에 해산됨으로써 군대를 보유하고 있지 않고 있으며 국민은 납세의 의무가 없습니다.

Exclave 18

Knight Hospitalers, Ordine di Malta

몰타 기사단

면적 없음

몰타 기사단Knight Hospitalers, Ordine di Malta은 1080년 성지를 순례하는 순례자들을 위해 예루살렘에 세워진 아말피 병원에서 시작된 종교 기사단의 이름입니다. 지역에 따라, 병원 기사단, 구호 기사단, 로도스 기사단, 성 요한 기사단 등 다양한 이름으로 불립니다.

십자군 십자군croisade은 교황의 호소에 의해 조직된 기독교적 성향를 가진 군대를 말합니다. 역사적으로는 대부분의 경우 11세기부터 13세기까지 감행된 중세 서유럽의 로마 가톨릭 국가들이 중동의 이슬람 국가에 대항하여 성지 예루살렘을 탈환하는 것을 목적으로 행해진 대규모의 군사 원정을 가리킵니다.

십자군 원정의 결과로 결성된 기사단으로 가장 유명한 기사단에는 독일 기사단, 성전 기사단 및 몰타 기사단이 있습니다. 이 중 독일 기사단은 나중에 프로이센 공국을 건국하게 되어 현대 독일의 모체가 됩니다.[1]

성전 기사단(템플 기사단) 성전 기사단Ordre du Temple, Templiers은 서방 교회 기사 수도회 가운데 가장 유명한 조직으로 일반적으로는 템플 기사단이라는 이름으로 더 많이 알려져 있습니다. 1118년 프랑스의 기사 위그 드 파앵(Hugues de Payens, 1070년–1136년)을 비롯한 9명의 기사들은 성지 순례자들을 보호한다는 목적으로 이미 결성되어 활동하고 있었던 몰타 기사단의 예를 모방하여 아우구스티누스 회의 회칙을 지키며 생활할 것을 맹세합니다.

예루살렘 왕국의 보두앵 2세는 그들의 거처로서 왕궁 옆채를 주었는데, 그곳은 예전에 솔로몬 왕이 건립한 예루살렘 성전이 있던 지역이었습니다. 이러한 연유로 이 기사단의 명칭이 '성전 기사단'이 되는데, 정식 명칭은 '그리스도와 솔로몬 성전의 가난한 기사들Poor Knights of Christ and of the Temple of

[1] 이에 대한 내용은 Exclave 12 '칼리닌그라드'를 참조하시기 바랍니다.

Solomon' 입니다.

> ❷ 12세기에 활동한 수도자로 시토회를 창립하였으며 제1차 십자군 원정 중에 설교하였습니다.

위그 드 파앵은 성전 기사단도 몰타 기사단과 같은 기사 수도회로 인정받기를 원하였습니다. 따라서 당시 가톨릭 세계의 거물인 클레르보의 베르나르❷에게 회칙 작성과 로마 교황청과의 중재를 요청하게 됩니다. 이에 따라 1128년 프랑스의 트루아에서 개최된 교회 회의에서 교황 호노리오 2세는 성전 기사단을 기사 수도회로서 정식 인가하였습니다.

1138년 교황 인노첸시오 2세는 성전 기사단에게 자유로운 국경 출입, 과세 금지, 교황 이외의 군주나 주교에 대한 복종의 의무 면제 등 많은 특권을 부여함에 따라 세력을 급속하게 확장하게 됩니다.

성전 기사단은 1147년 제2차 십자군 원정에서 프랑스 국왕 루이 7세를 도운 공로로 파리시 교외의 광대한 부지를 기증받았습니다. 1163년 교황으로 선출된 알렉산데르 3세는 성전 기사단에게 수도회의 재산 보호와 주교로부터의 독립 등의 특권을 부여하였습니다. 이러한 특권을 이용하여 성전 기사단은 막대한 부를 쌓게 됩니다.

13세기말 프랑스 국왕 필리프 4세(Philippe IV, 재위 1285년–1314년)는 당시에 막강한 세력을 갖고 있던 성전 기사단과 몰타 기사단을 합병하여 자신이 그 지도자에 올라 성지를 정복하려는 구상을 세우게 됩니다. 그러나 성전 기사단 단장 자크 드 몰레는 이러한 필리프 4세의 제안을 단호하게 거절합니다.

1307년 10월 13일 필리프 4세는 성전 기사단의 단원들을 이단 행위 등 100가지 이상의 죄목으로 체포합니다. 1312년 교황 클레멘스 5세는 필리프

4세의 요청에 따라 빈 공의회를 열어 정식으로 성전 기사단의 해체를 결정합니다.

1314년 프랑스의 필리프 4세는 성전 기사단의 자크 드 몰레 기사단장과 그의 참모 등 4명의 지도자들을 산 채로 화형에 처하고 성전 기사단의 모든 재산을 몰수하게 됩니다.

반 론 1813년 프랑스의 레이누아르는 처음으로 성전 기사단 사건에 대해 이의를 제기하였으며, 1907년 독일의 역사학자 하인리히 핀케는 '성전 기사단의 죄상은 사실무근이며 필리프 4세가 돈을 목적으로 괴멸시킨 것이다' 라는 입장을 밝힙니다.

오늘날 가톨릭 교회에서는 성전 기사단에 대한 재판이 프랑스 국왕의 개입 등 불공정한 처사가 많았다고 시인하고 있으며 빈 공의회에서 교황이 성전 기사단의 해체를 명령한 것도 당시 사회의 어쩔 수 없는 강압에 의한 것이라고 결론짓고 있습니다.

2007년 10월 12일 바티칸의 비밀 문서 보관소는 성전 기사단의 재판 기록인 '성전 기사단의 탄핵 과정Processus Contra Templarios' 을 단행본으로 출간합니다. 이 자료에 따르면 교황이 기사단 지도부의 부패는 인정했으나 이단 혐의는 사면한 것으로 되어 있습니다.

2008년 8월 4일 성전 기사단의 후예를 자처하는 '주 예수 성당의 주권 기사단' 이라는 스페인 단체가 로마 교황청에 교황 베네딕토 16세를 상대로 소송을 제기합니다. 이 단체는 교황이 과거 성전 기사단의 재산을 부당하게 몰수한 사실을 인정하라며 당시 교황의 후임인 현 교황이 책임을 져야 한다고 주장하였습니다.

이 단체는 성명서를 통해 '우리는 교황청을 경제적으로 붕괴시키기 위해서가 아니라 기사단을 노리고 벌어진 음모의 중대성을 법정에서 알리기 위해 소송을 냈다' 라며, 소송을 통해 재산을 되찾으려는 것은 아니라고 밝혔습니다.[3]

역 사 십자군 원정으로 1099년 기독교 세력이 예루살렘을 정복하고 예루살렘 왕국이 세워지자 몰타 기사단은 군사적인 성격을 띤 기사단으로 발전합니다. 1291년 기독교 세력의 마지막 근거지인 아크레Acre[4]가 무슬림 세력에게 함락당하자 몰타 기사단은 인근 키프로스 왕국으로 피난하게 됩니다.

키프로스 왕국은 키프로스 섬에 세워진 중세의 십자군 국가로 1192년에 건국되어 1498년까지 키프로스를 지배하였습니다. 1489년 마지막 여왕인 카트린느 코로나로가 베네치아 공화국의 압력으로 섬을 베네치아에게 팔도록 강요당하였고 그 이후에 왕국은 해체되어 베네치아 공화국의 일부가 됩니다.

성전 기사단이나 독일 기사단 등 다른 종교 기사단은 유럽으로 후퇴하였지만 몰타 기사단은 언젠가는 다시 성지를 회복할 수 있다고 생각하고 성지 근처에 남게 됩니다.

❸ 성전 기사단이 해체되면서 몰수된 자산은 현재의 가치로 1천억 유로(약 158조 6천억원)에 이르는 것으로 알려져 있습니다.

❹ 아크레는 북서 이스라엘의 갈릴리 지구 서쪽의 항구 도시로 지중해 연안의 하이파 만의 북쪽 끝에 위치합니다.

키프로스와 로도스 섬

1309년 몰타 기사단은 터키 남쪽의 로도스Rhodos 섬을 정복하고 그곳을 기사단의 근거지로 삼아 활동하면서 동 지중해의 막강한 해군력을 가진 독립 국가가 됩니다. 그러나 1522년 오스만 제국의 공격을 받고는 로도스섬에서 쫓겨나게 됩니다.

로도스 섬에서 쫓겨난 몰타 기사단은 서유럽의 이곳 저곳을 옮겨 다니게 됩니다. 신성 로마 제국의 카를 5세는 북아프리카의 해적들을 대신 소탕하게 할 목적으로 기사단에게 몰타를 근거지로 마련해 주게 됩니다.

1798년 이집트 원정길에 오른 나폴레옹 보나파르트에 의해 몰타 기사단은 점령당하게 됩니다. 당시 기사단장이었던 페르디난트 폰 홈페쉬는 나폴레옹의 위협에 같은 그리스도인으로서 대항할 수 없다고 주장하고 쉽게 항복해 버립니다.

몰타 섬

19세기초 몰타 기사단의 세력은 급격히 줄어들었고, 1834년에는 로마에 정착하게 됩니다. 이때부터 몰타 기사단의 군사적인 측면은 거의 사라지고 인도주의적 · 종교적 조직으로만 존재하게 되었습니다. 1986년 몰타 공화국에서 주권을 인정하면서 영토의 일부를 넘겨주겠다고 하였으나 실제로 이루어지지는 않았습니다.

현재 이탈리아를 비롯한 기독교 국가들뿐만 아니라 이집트, 아프가니스탄, 타이 등 비기독교 국가들도 몰타 기사단을 나라로 인정하고 있으며, 전 세계에 퍼져있는 단원들이 의료 봉사 활동을 하고 있습니다. 외교 사절, 자국 등록 선박, 자체 자동차 번호판 등을 갖고 있고, 우편 협정을 유지하고 있는 몇몇 나라들에서만 통용되는 우표도 발행함으로써 영토 없는 국가로 불리기도 합니다.

Akrotiri, Dhekelia

Exclave 19

아크로티리와 데켈리아

면적 254㎢ **인구** 영국인 7,500명, 키프로스인 7,000명

아크로티리Akrotiri와 데켈리아Dhekelia는 키프로스에 있는 영국의 해외 기지입니다. 1960년 키프로스가 영국으로부터 독립하면서 '영국령 작전 기지 지역'으로 영구히 남게 되었습니다.

키프로스의 위치

역 사 키프로스에 미케네 그리스인들이 처음으로 정착한 것은 기원전 1,600년경으로 추정됩니다. 그 이후 페니키아, 아시리아, 페르시아, 이집트의 프톨레마이오스 왕조의 지배를 차례로 받다가 기원전 58년에는 로마 제국에 병합됩니다.

395년 비잔티움 제국의 일부가 되었다가 이후 아랍 세력들에게 점령당하게 되지만, 1191년 잉글랜드 왕국의 리처드 1세(Richard I, 재위 1189년－1199년)가 제3차 십자군 당시에 점령하여 십자군의 보급기지로 이용하게 됩니다. 이후 리처드 1세는 귀국을 하면서 키프로스를 성전 기사단에게 매각을 하게 됩니다.

1192년 십자군 국가인 예루살렘 왕국의 왕위 다툼에서 밀려난 뤼지냥의 기(Guy de Lusignan, 1150년–1194년)는 성전 기사단으로부터 키프로스를 구입하고 영주(領主)가 됩니다. 뤼지냥의 기가 후계자 없이 죽게 되자 동생인 아모리가 영주의 지위에 오르게 되었으며, 이후 신성 로마 제국의 하인리히 6세(Heinrich VI, 재위 1190년–1197년)로부터 왕위의 직함을 부여받게 되어 키프로스는 왕국이 됩니다.

1489년 키프로스의 마지막 여왕인 카트린느 코로나로(재위 1474년–1489년)는 베네치아 공화국Repubblica di Venezia❶의 압력으로 키프로스 섬을 베네치아 공화국에 처분하게 되며, 이 때부터 키프로스는 베네치아 공화국의 일부가 됩니다. 이후 1570년 오스만 제국의 피얄레 파샤가 이끄는 군대에 의해 키프로스는 오스만 제국의 일부가 됩니다.

1869년 지중해와 홍해를 잇는 수에즈 운하가 개통되자 영국은 수에즈 운하 방위를 위한 군사기지로서 키프로스를 주목하게 됩니다. 1878년 영국은 오스만 제국으로부터 키프로스에 대한 행정권을 획득합니다.

제1차 세계대전 당시 오스만 제국이 동맹국❷의 편에 서자 영국은 키프로스를 강제 병합하게 됩니다. 1923년 로잔 조약에 따라 신생 터키 공화국은 키프로스에 대한 영유권 주장을 포기하게 되며, 1925년 영국은 키프로스를 왕령 식민지crown colony❸에 포함시키게 됩니다. 영국 지배하에서의 키프로스에서는 키프로스를 그리스와 합병하자는 에노시스Enosis 운동이 일어나게 됩니다.

1960년 영국, 그리스, 터키와 맺은 런던 협정에 따라 키프로스는 키프로스 공화국으로 독립하게 됩니다. 이 때 영국은 아크로티리와 데켈리아의 군사 기지를 영구히 보유하고, 키프로스 정부의 공직이나 공무는 그리스계와 터키계의 두 민족에게 할당하게 됩니다. 이 때 소수 집단인 터키계 주민에게는 정치적 거부권을 부여하며, 의회와 행정부 내에서 30%의 비중을 보장하게 됩니다.

분 쟁

1963년 그리스계 주민과 터키계 주민간의 내부 분쟁이 일어나자 그리스계 주민의 지도자 마카리오스 3세[4] 대통령은 긴장을 완화하기 위하여 내각과 국회 등에 그리스계와 터키계 출신이 동등하도록 규정된 헌법을 개정할 것을 제안합니다.

터키계 주민들은 헌법 개정이 자신들의 보호 수단을 제거하기 위한 것이라고 반발하게 됩니다. 무력 충돌이 벌어지자 터키계 주민들은 터키에 군사적 개입을 요구하고, 터키가 군사 개입을 하게 되자 유엔은 1964년 키프로스 평화 유지군을 파견합니다. 유엔은 두 민족의 분쟁을 막기 위하여 키프로스를 남과 북으로 분리하는 그린 라인Green Line이라는 장벽을 세우게 됩니다.

❶ 이탈리아 북부의 도시 베네치아에 있던 도시 국가로 8세기부터 1797년까지 약 1,000년 동안 독자적인 공화정 정부 형태를 갖추고 독립 도시국가로 존재하였습니다. 한 때는 지중해의 해양 강국으로 지중해 무역을 독점하기도 하였습니다.

❷ 제1차 세계대전의 동맹국은 독일 제국, 오스트리아-헝가리 제국, 오스만 제국 및 불가리아로 구성되어 있습니다.

❸ 영국이 영토 확장 과정에서 내세웠던 일종의 식민 행정부를 말합니다. 왕령 식민지는 통치권자가 지명한 행정관에 의해 통치됐으며 후에 이 권한은 동인도회사와 같은 식민지 주재 사무소에서 맡았습니다.

❹ 키프로스의 정치가 및 대주교로 키프로스의 그리스 병합 운동을 비폭력 투쟁으로 이끌어 그리스계 사람들로부터 '민족의 아버지'로 존경받았습니다. 1960년 영국으로부터 독립된 이후 대통령에 당선되었으나 그 후 정책을 바꿔 그리스와의 합병을 반대하고 키프로스의 독립을 지키려 하였습니다. 1974년 그리스와의 합병을 원하는 에노시스 운동파의 군사 쿠데타에 의해 대통령 자리에서 물러나게 됩니다.

1974년 그리스 군사 정부의 지원 아래 쿠데타가 발생하여 그리스와의 합병을 주장하는 키프로스 정부가 탄생하게 됩니다. 이에 터키는 터키계 주민 보호를 이유로 군대를 파견하고 키프로스 국토의 37%에 해당하는 북부 지역을 점령합니다.

❺ 키프로스의 수도로 1974년 터키계 키프로스 주민의 보호를 목적으로 한 터키군의 키프로스 출병의 결과 북쪽을 지배하는 터키계의 북키프로스 터키 공화국과 남쪽을 지배하는 그리스계의 키프로스에 의해 분단된 도시가 되었습니다.

1983년 북키프로스 지역의 터키계 주민은 북키프로스터키공화국Turkish Republic of Northern Cyprus의 독립을 선언하지만 유엔 안전보장이사회에서는 북키프로스터키공화국의 독립을 인정하지 않는 결의안을 채택하게 됩니다.

2008년에는 44년 만에 그리스계 키프로스 통제 지역과 유엔 완충 지대 사이의 장벽이 철거되었습니다. 이 장벽은 수도 니코시아Nicosia❺중심부의 레드라Ledra 가街 한가운데를 가로막고 있어, 키프로스 분단의 강력한 상징으로 여겨졌었습니다.

월경지 아크로티리는 리마솔Limassol 주 남서쪽에 있는 아크로티리 반도와 에피스코피 만 북쪽의 조그만 해안 평야로 이루어져 있습니다.

데켈리아는 라르나카Larnaca 주 북동쪽에 있는 라르나카 만의 북쪽 해안에 위치하고 있습니다. 아크로티리와 데켈리아는 영국군의 훈련소 및 부대 집결지로 이용되고 있으며, 키프로스의 유엔군 주둔지로도 쓰이고 있습니다.

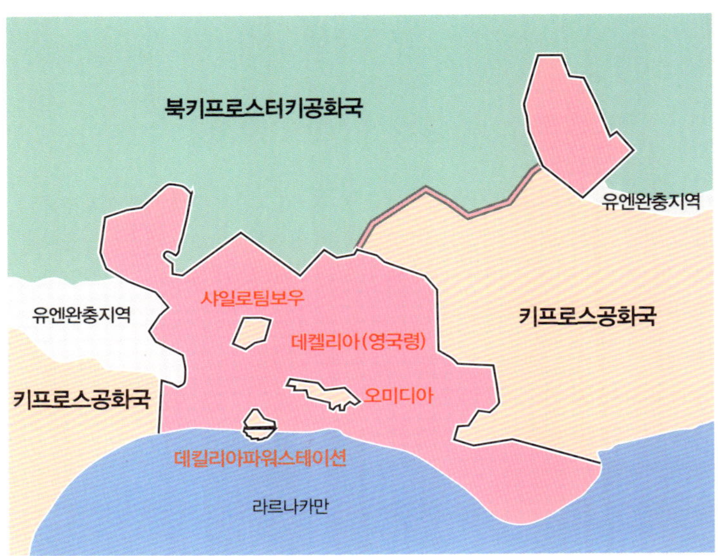

데켈리아와 키프로스의 월경지

한편, 데켈리아 내에는 오미디아Ormideia, 샤일로팀보우Xylotymvou 및 데켈리아 파워 스테이션Dhekelia Power Station등 3개의 키프로스 월경지가 있습니다.

Tips

키프로스 분쟁과 유엔의 중재

1990년 유엔 안전 보장 이사회 결의 649에서는 두 국가의 지도자가 두 지역으로 구성된 연방구성 bi – communal and bi – zonal federation에 바탕을 둔 해결 방안을 촉구하게 됩니다. 2004년 유엔 사무 총장 코피 아난 Kofi Atta Annan *은 키프로스 문제를 해결하기 위하여 중재안을 제시하는데 그 내용은 다음과 같습니다.

① 통일 후 정식 국명은 키프로스연방공화국United Cyprus Republic으로 하고 남북 키프로스가 동등한 자격으로 연방을 구성한다.
② 남북 키프로스의 영토 비율을 현재의 63 대 37에서 71 대 29로 바꾼다.
③ 상하 양원을 두며 상원 48석은 남북 모두 24석으로 한다.
④ 행정은 대통령 위원회가 총괄하며 동 위원들은 교대로 대통령과 부통령을 맡는다.

2004년 유엔 사무총장 중재안에 대한 국민 투표가 실시됩니다. 투표 결과 북키프로스는 64.9%가 찬성하였지만 남키프로스는 75.8%가 반대하여 통일이 무산되었습니다.

* 제7대 유엔 사무총장을 지낸 가나의 외교관, 정치인, 경제학자로 가나 판티 족 세습 족장의 아들로 태어났습니다. 2001년 유엔과 함께 노벨 평화상을 수상하였습니다.

Exclave 20

Nakhchivan

나히체반

면적 5,363㎢ **인구** 39만 8천명(2009년 기준) **언어** 아제르바이잔어

나히체반Nakhchivan은 아르메니아와 이란 사이에 있는 아제르바이잔의 자치 공화국으로 아제르바이잔의 월경지입니다.

나히체반의 위치

아제르바이잔

아제르바이잔Azerbaijan은 캅카스Kavkaz 지역[1]에 있는 투르크계의 공화국입니다. 면적은 8만 6천km², 인구는 905만명(2010년 기준)이며 수도는 바쿠Baku입니다. 주민은 아제르바이잔인이 대부분(83%)을 차지하고 있으며 아르메니아인(6%)과 러시아인(6%) 등으로 구성되어 있습니다. 언어는 아제르바이잔어를 공용어로 쓰고 있으며, 종교는 이슬람교를 믿고 있습니다.

1828년 러시아인들의 캅카스 지역 침략으로 인하여 러시아에 예속되었으며, 1920년 소련군이 수도인 바쿠를 점령하면서 공산화되었습니다.

1936년 캅카스 지역이 소련 연방의 자치 공화국들로 분리, 병합될 때 아제르바이잔도 독

[1] 캅카스 지역은 유럽의 동쪽, 아시아의 서쪽의 지리학적 지역을 말하며, 유럽에서 가장 높은 산인 엘브루스 산(5,642m)을 포함하는 캅카스 산맥의 발상지입니다.

립된 공화국으로 소련에 귀속되었습니다. 1991년 소련이 해체되면서 독립한 이후, 아제르바이잔은 러시아를 중심으로 하는 독립국가연합Commonwealth of Independent States의 회원국으로 가입하게 됩니다.

아르메니아

아르메니아Armenia는 캅카스 지역에 있는 공화국으로 면적은 2만 9천km², 인구는 326만명(2010년 기준)이며 수도는 예레반Yerevan입니다. 주민은 아르메니아인이 대부분(93%)을 차지하고 있으며 아르메니아어를 공용어로 사용하고 있습니다. 아르메니아는 기독교를 최초로 국교로 받아들인 나라로 알려져 있으며, 이러한 연유로 인하여 대부분 아르메니아 정교회를 믿고 있습니다.

아르메니아는 기원전 191년 아타시드 왕조에 의해 처음으로 통일되었습니다. 아르사크Arsacid 왕조 때에는 아르메니아어가 공용어로 되었으며, 301년 성 그레고리우스가 아르사크 왕조의 트리다테스 3세를 기독교로 개종시킴에 따라 기독교가 국교로 정하여 졌습니다. 그 뒤 1080년부터 1375년까지 비잔틴 제국과 페르시아 간의 완충국으로 독립을 유지하였을 뿐, 셀주크 투르크와 오스만 투르크의 지배를 받았습니다.

동서양의 교역로라는 지리적 위치 때문에 16세기에서 18세기 사이에는 오스만 투르크 제국과 페르시아 제국 간 이권 다툼의 각축장이 되었으며, 1828년에는 오스만 투르크 제국에 의해 점령당하게 됩니다.

터키의 학살

1894년 아르메니아에서 폭동이 일어나자 터키인들은 이를 진압한다는 구실로 그 이듬해까지 약 30만 명이나 되는 아르메니아인들을 무참하게 학살하였으며, 탄압은 1914년까지 지속되었습니다.

제1차 세계대전이 일어나면서 아르메니아인들 중 일부는 터키군에 소속되어 러시아에 맞서 싸운 반면, 일부는 러시아로 들어가 제정군에 합류하는 사태가 벌어지면서 또 한차례 터키인들에 의한 무자비한 학살이 자행되어 150만 명이나 되는 아르메니아인들이 희생되었습니다.[2]

브레스트-리토브스크Brest-Litovsk 조약으로 캅카스 지역 일부가 터키 수중에 다시 들어갔으나, 아르메니아인들은 끝까지 항거하여 1918년 독립을 선포하였습니다. 그러나 승전국들이 다시 아르메니아를 터키에게 양보하려는 움직임을 보이자, 소련에 도움을 요청하고 1920년 독립을 하게 됩니다. 1922년 소련에 흡수되었다가 1936년 새로 개정된 소련 헌법에 따라 소련의 자치공화국이 되었습니다.

1990년 아르메니아는 독립을 선언하였으며, 후에 독립국가연합의 회원국으로 가입하게 됩니다.

[2] 이 사건을 아르메니아 사람들은 '아르메니아인 학살 사건'이라 부르면서 교회와 주민 모두 기념하고 있습니다. 그러나 터키에서는 아르메니아 사람을 이주시키는 과정에서 소수의 희생자가 발생한 사건이라면서 아예 사건 자체를 부정하고 있습니다.

나히체반

나히체반은 북쪽과 동쪽으로는 아르메니아, 남쪽과 서쪽으로는 이란, 서쪽으로는 터키에 둘러 쌓인 트란스 카프카스 고원의 남부에 있습니다. 나히체반은 아제르바이잔의 자치 공화국으로 아르메니아나 이란을 거치지 않고는 아제르바이잔 본토에서 접근할 수 없는 아제르바이잔의 월경지입니다.

아르메니아어에서 나히체반은 '후손들의 땅' 이라는 의미를 갖고 있으며, 이는 인접한 아라라트Ararat산[3]에 머무른 노아의 방주Noah's Ark의 후손이라는 의미라고 합니다.

나히체반은 서쪽과 남서쪽에 있는 평야를 제외하면 거의 산지입니다. 수도인 나히체반은 BC 1500년까지 거슬러 올라가는 오랜 역사를 자랑하고 있으며, 아르메니아의 전설에 따르면 성경에 나오는 노아가 건설하였다고 합니다.

나히체반은 13－19세기까지 페르시아의 지배를 받다가, 1828년 러시아－페르시아 전쟁 이후 체결된 투르크만차이 조약Treaty of Turkmenchay에 따라 러시아에 예속되게 됩니다. 1920년 소련의 붉은 군대는 나히체반을 점령한 후 나히체반 소비에트 사회주의 자치 공화국을 선언하게 되어 1924년부터 소련 내의 자치 공화국이 됩니다.

1990년 나히체반 자치 공화국으로 독립을 선포하였으며, 1991년 소련이 해체되면서 독립한 아제르바이잔의 자치 공화국이 됩니다.

[3] 터키 동쪽 끝에 있는 사화산으로 11km 정도 떨어진 2개의 봉우리로 이루어져 있으며, 이 중 해발 5,137m에 달하는 대 아라라트 산은 터키에서 가장 높은 봉우리에 해당합니다. 성경에 따르면 대 홍수가 끝난 후 노아의 방주가 머물렀던 곳으로 알려져 있습니다. 이러한 이유로 아르메니아인들은 자신들이 노아의 홍수 이후 세상에 나타난 최초의 인종이라고 믿고 있습니다.

나고르노 카라바흐 아제르바이잔의 남서쪽 캅카스 산악지대에는 나고르노 카라바흐Nagorno－Karabakh라는 지역이 있습니다. 이 지역은 18세기에 아르메니아가 통치하던 지역이었으나 소련의 스탈린 체제 하에서 아제르바이잔 자치 공화국의 지배를 받게 됩니다.

1980년대 말 고르바초프의 개혁 개방 정책으로 인해 민족주의가 부활하면서 1988년 나고르노 카라바흐 지역에서 심각한 소요사태가 발생합니다. 1991년에는 아르메니아인 분리주의자들이 아제르바이잔으로부터 분리 독립을 주장하며 '나고르노 카라바흐 공화국' 으로 독립을 선언합니다.

이 내전으로 인하여 나고르노 카라바흐 지역과 아르메니아에 살던 80만 명 이상의 아제르바이잔 난민이 발생하는 등 극도의 혼란을 겪었으며 1994년부터는 아르메니아인이 나고르노 카라바흐 지역의 대부분을 차지한 상태로 휴전하게 됩니다.

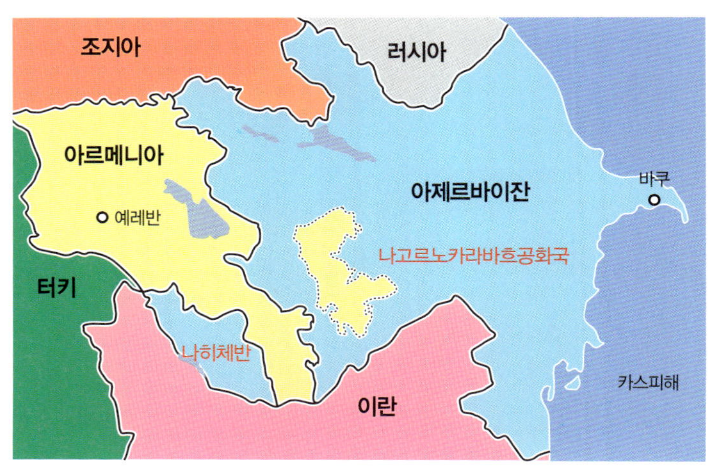

나고르노
카라바흐
공화국

결국 아르메니아가 실질적으로 지배하고 있는 나고르노 카라바흐 지역은 아제르바이잔 영토 내에 위요지에 해당됩니다. 그에 반해 아제르바이잔의 나히체반 자치 공화국은 아르메니아 영토를 넘어 월경지로 있습니다. 이렇게 아르메니아와 아제르바이잔의 고립된 영토들은 각각 적대국에 둘러싸여 있는 것입니다.

또 다른 월경지 아르메니아의 북동쪽에는 유카리 아스키파라(Yukhary Askipara, 면적 37km²)와 바르쿠달리(Barkhudarli, 면적 22km²)라는 아제르바이잔의 월경지가 있습니다. 또한 아르메니아의 남서쪽 아제르바이잔의 나히체반 자치 공화국의 북쪽에도 카르키(Karki, 면적 19km²)[4]라는 아제르바이잔의 월경지가 있습니다.

이들 아제르바이잔의 월경지는 나고르노 카라바흐 전쟁 이후 아르메니아에 의해서 강제 점령되었습니다. 이후 이 지역에 거주하던 아제르바이잔 주

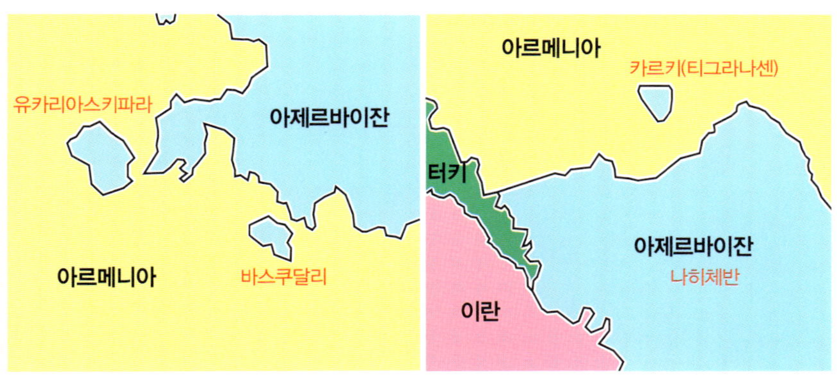

아제르바이잔의 월경지

민들은 모두 추방되었으며, 현재는 아르메니아 주민들만이 거주하고 있습니다.

❹ 카르키는 아르메니아 정부에 의해 티크라나센(Tigranashen)으로 지명이 변경되었습니다.

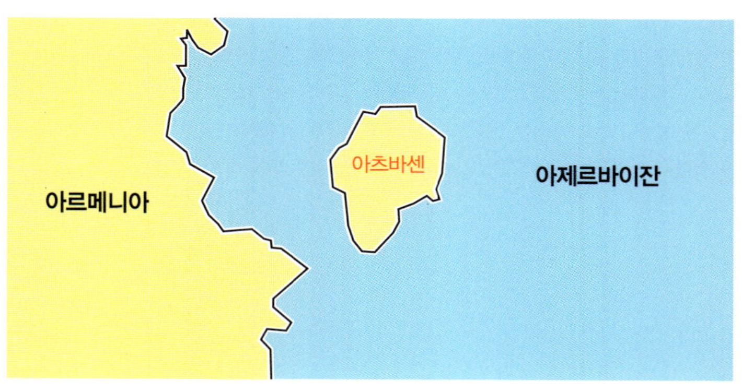

아르메니아의 월경지

한편, 아제르바이잔의 서쪽에는 아츠바센(Artsvashen, 면적 40km²)이라는 아르메니아의 월경지가 있습니다. 이 지역은 나고르노 카라바흐 전쟁 이래 아제르바이잔 군대의 통제 하에 있습니다. 이 지역에 거주하던 아르메니아 주민들은 모두 추방되었으며, 현재는 아제르바이잔 주민들만이 거주하고 있습니다.

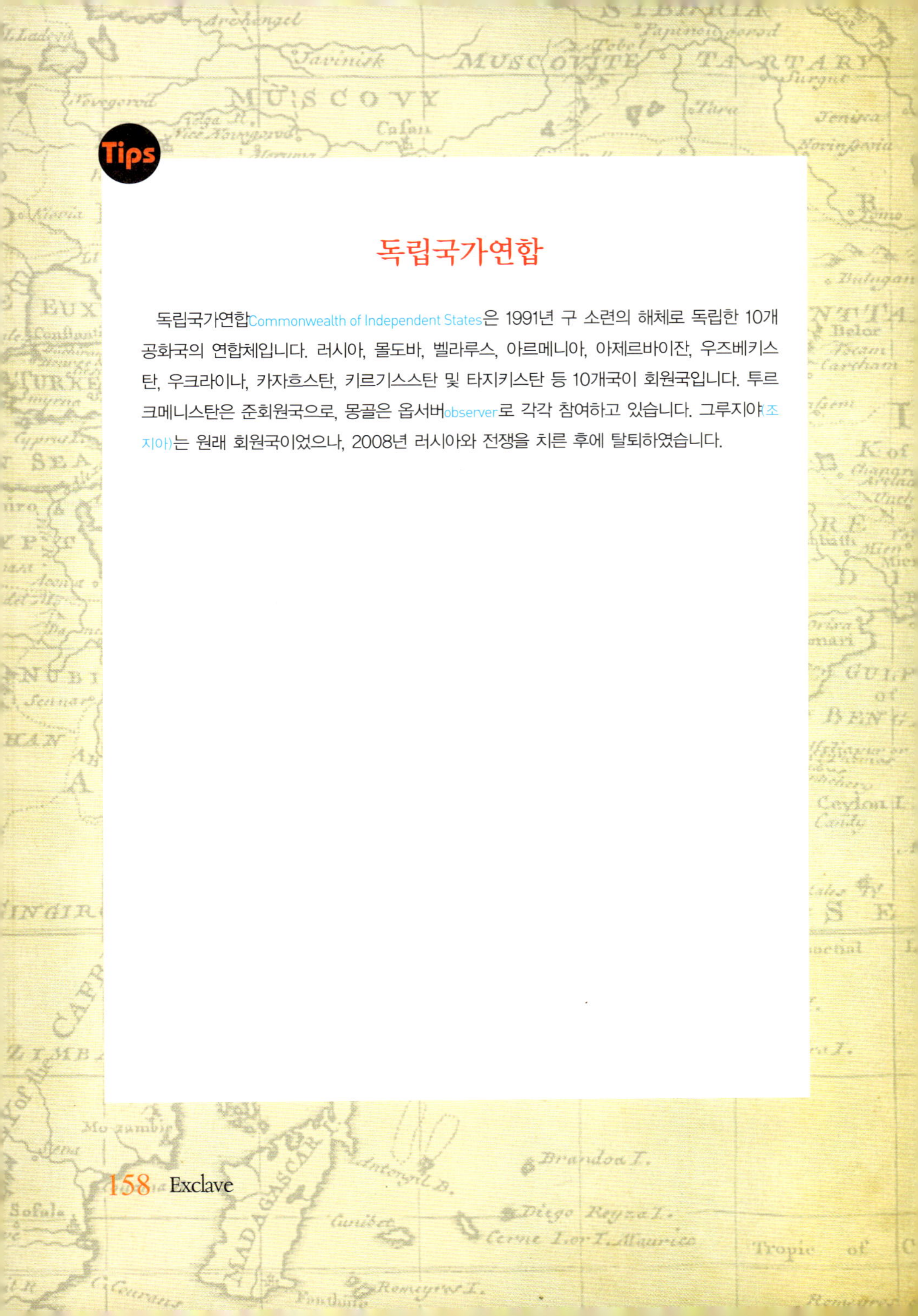

Tips

독립국가연합

독립국가연합Commonwealth of Independent States은 1991년 구 소련의 해체로 독립한 10개 공화국의 연합체입니다. 러시아, 몰도바, 벨라루스, 아르메니아, 아제르바이잔, 우즈베키스탄, 우크라이나, 카자흐스탄, 키르기스스탄 및 타지키스탄 등 10개국이 회원국입니다. 투르크메니스탄은 준회원국으로, 몽골은 옵서버observer로 각각 참여하고 있습니다. 그루지야(조지아)는 원래 회원국이었으나, 2008년 러시아와 전쟁을 치른 후에 탈퇴하였습니다.

Musandam Peninsula

Exclave 21

무산담 반도

면적 1,800㎢ **인구** 2만 8천명

무산담 반도Musandam Peninsula는 호르무즈 해협에 면하고 아랍에미리트연방의 영토에 의해 분리되어 있는 오만의 실질적 월경지입니다.

무산담 반도의 위치

오만

오만Oman은 아라비아 반도의 동남쪽에 위치한 왕국으로 정식명칭은 오만 왕국Sultanate of Oman이며 수도는 무스카트Muscat입니다. 오만의 면적은 309,550km² 이며 인구는 248만명(2009년 기준)입니다.

오만은 751년부터 1151년까지 이맘Imam을 선출하여 나라를 통치하였습니다. 이맘은 예언자 무함마드의 계승자를 지칭하는 칼리파와 동의어로 쓰였으며 종교적 기능이 아닌 행정적 · 정치적 기능을 담당하였습니다.

1154년 이바디Ibadi 파[1]의 지도자인 바누 나반은 오만 최초의 왕조인 나반 왕조를 열

[1] 이바디 파는 이슬람의 한 종파로 북아프리카와 중동에 132만명의 신도를 갖고 있습니다. 이바디 파는 이슬람의 양대 종파인 수니(Sunni)파 및 시아(Shia) 파와는 구별되는 제3종파라고 주장되며, 대체적으로 덜 보수적인 분파로 간주됩니다. 이바디 파는 대부분이 오만과 동아프리카, 알제리의 므잡(Mzab) 계곡, 리비아의 나프스(Nafus) 산, 그리고 튀니지의 제르바(Jerba) 섬에 거주하고 있습니다.

고 오만을 다스렸습니다. 나반 왕조는 1507년 포르투갈의 침입 이전까지 이 지역에서 가장 강력한 나라를 구축하게 됩니다.

오만에는 남서 아라비아에서 온 카흐탄 족과 북서 아라비아에서 온 니자르 족 등 뚜렷하게 구별되는 두 개의 종족이 있었는데, 이 두 종족 사이의 대립은 오만 역사에 많은 영향을 미쳐왔습니다. 1624년 이맘이 된 나스르 이븐 무르시드는 이러한 종족 간의 분쟁을 끝냈으며, 그의 후계자는 1741년 오만 해안 지방을 통치해 오던 포르투갈을 몰아내고 독립하게 됩니다.

18세기 초 카흐탄 족의 후손 히나위 족과 니자르 족의 후손 가피리 족 사이에 내전이 일어났으나, 1744년 두 종족이 공동으로 부 사이드 가문의 아흐메드 빈 사이드Ahmed bin Said를 이맘으로 선출함으로써 내전이 종료됩니다. 아흐메드 빈 사이드의 후계자들은 술탄이라는 칭호를 얻었으며, 아프리카의 모가디슈, 몸바사, 마피아 섬의 잔지바르 등과 동아프리카의 포르투갈 식민지 등을 정복하게 됩니다.

1856년 영토 분쟁이 일어났으며 영국의 조정으로 1861년 동 아프리카의 잔지바르가 무스카트의 술탄으로부터 독립하게 됩니다. 이후 오만은 사실상 영국의 보호국이 됩니다.

1938년 술탄이 된 사이드 빈 타이무르Said bin Taimur는 오만을 시대착오적인 중세로 몰고 갔으며 민족적인 반란을 부채질하게 됩니다. 1964년에는 아들 카부스 빈 사이드Qaboos bin Said를 살랄라의 왕궁에 사실 상 가택연금하게 됩니다. 카부스 빈 사이드는 1970년 영국의 지원을 받아 궁정 쿠데타를 일으켜 아버지를 축출하고 술탄으로 즉위하게 됩니다.

아랍에미리트연방

아랍에미리트연방United Arab Emirates은 토후국들이 연합한 연방국가로 1971년 영국으로부터 독립하였습니다. 이 때 바레인과 카타르 등 2개의 토후국은 별도로 분리 독립하였습니다.

아랍에미리트연방의 면적은 83,600km²이며, 인구는 497만명(2010년 기준)입니다. 아랍에미리트연방은 다음과 같은 7개의 토후국으로 구성되어 있습니다.

아부다비Abu Dhabi 면적은 67,340km², 인구는 89만명으로 아랍에미리트연방 전체 면적의 약 86%를 차지하고 있는 최대의 토후국입니다. 아랍에미리트연방의 수도인 아부다비가 있으며, 원유 매장량이 7개의 토후국 중 최대입니다.

두바이Dubai 면적은 4,114km², 인구는 238만명으로 아랍에미리트연방의 토후국 중 가장 인구가 많습니다. 두바이에는 높이 828m, 총 162층의 세계 최대의 최고층 건물인 부르즈 할리파Burj Khalifa, 세계 지도 모양으로 인공 섬을 만든 더 월드The World, 주메이라 해변의 인공섬 위에 건축된 세계에서 두 번째로 높은 호텔 부르즈 알 아랍Burj Al Arab[2] 등 세계적인 건축물들이 있습니다.

아지만Ajman 면적은 260km², 인구는 36만명으로 아랍에미리트연방에서 가장 작은 토후국입니다.

[2] 2008년 6월 두바이의 셰이크 자예드 가에 위치한 호텔 로즈 타워(Rose Tower)가 건설되기 전까지는 세계 최고 높이의 호텔이었습니다.

푸자이라Fujairah 면적은 1,150km², 인구는 13만명으로 아랍에미리트연방에서 다섯 번째로 큰 토후국입니다.

라스 알 카이마 Ras al-Khaimah 면적은 1,683km², 인구는 26만명이며, 아랍에미리트연방을 구성하는 토후국 중 최북단에 있습니다.

사라자Sharjah 면적은 2,600km², 인구는 89만명이며, 칼바Kalba 디바 알히슨Dibba Al-Hisn 및 코르 파칸Khor Fakkan 등 3군데의 월경지가 푸자이라 토후국에 있습니다.

움 알 쿠와인 Umm al-Quwain 면적은 750km², 인구는 6만 2천명입니다.

소하르

무산담 반도에 있는 소하르Sohar는 고대 오만의 수도였던 곳으로 전통적인 어촌 지역입니다. 소하르는 중동 지역의 구전 문학을 정리한 천일 야화The Thousand and One Nights, Arabian Nights에 나오는 신드바드Sindbad의 출생지로 알려져 있으나 유물이나 유적지는 존재하지 않고 있습니다.

무산담 반도의 카사브Khasab는 소하르 지방의 수도로 이 지역에 거주하는 인구의 대부분이 집중되어 있습니다. 카사브는 아랍에미리트연방과는 100km, 이란과는 55km 정도 떨어져 있습니다. 이러한 지리적인 위치로 인하여 미국산 담배를 이란으로 밀수하는 곳으로 유명합니다.

무산담 반도의 끝 쿰자리 마을에 거주하는 시후 족 사람들은 쿰자리어라는 언어를 사용하고 있습니다. 쿰자리어는 이란어를 바탕으로 하는 아라비아 반도 유일의 페르시아어계 언어입니다.

마드하와 나와

마드하와 나와 아랍에미리트연방 내에는 오만의 월경지이자 위요지인 마드하Madha가 있습니다. 그런데 마드하 내에는 아랍에미리트연방의 사라자 토후국에 속하는 월경지이자 위요지인 나와Nahwa가 있습니다.

아랍에미리트연방과 오만은 원래 영국의 보호령이었는데 1951년 오만이 독립하게 되면서 마드하 지역과 무산담 반도 지역은 오만에 포함되게 됩니다.[3]

마드하 지역은 거의 사람이 살지 않는 곳이었으므로 주민들의 의사를 물을 필요가 없었습니다. 그러나 나와 지역에는 40가구 정도가 살고 있었기 때문에 그곳 사람들의 의사에 따라 나와는 아랍에미리트연방에 포함되게 된 것입니다.

[3] 마드하 지역이 오만의 영토로 확정된 것은 1969년의 일이고 아랍에미리트연방이 독립한 것은 1971년입니다.

Zanzibar

Exclave 22

잔지바르

면적 1,651㎢ **인구** 107만명(2004년 기준)

잔지바르Zanzibar는 아프리카 동부 해안에서 35km 떨어진 인도양의 섬으로 잔지바르 섬 외에도 펨바 섬 및 그 밖의 보다 작은 몇 개의 섬들로 구성되어 있습니다. 잔지바르는 고대 페르시아 말로 '검은 해안'이라는 뜻입니다.

잔지바르의 위치

역 사 잔지바르에 최초로 이주해 온 사람들은 아프리카인들이며, 10세기에는 페르시아인들이 이주해 오게 됩니다. 이들은 하디무 족과 툼바투 족을 형성하게 되는데, 하디무 족은 잔지바르 섬의 남부와 동부에, 툼바투 족은 잔지바르 섬의 북부와 그에 인접한 툼바투 섬에 주로 거주하고 있습니다.

이슬람교가 전파된 후 아프리카인과 페르시아인들은 이슬람교로 개종했고, 페르시아의 많은 전통을 수용하였습니다. 오늘날에도 잔지바르의 아프리카계 주민들은 자신들을 '시라즈인'으로 자처하는데, 이는 최초로 도래한 페르시아인들의 고국인 고대 페르시아의 시라즈 공국 사람이라는 뜻입니다.

잔지바르는 아라비아 반도와 아프리카 동쪽 연안을 연결하는 지리적 요충지이기 때문에 아프리카와 무역을 하는 아랍인들에게는 중계 무역의 최적지가 되었습니다. 오만에서 온 아랍인들은 잔지바르에 상인과 지주들의 식민지를 건설하게 되었고, 그들은 결국 잔지바르 섬의 귀족 계급이 됩니다.

잔지바르는 1503년부터 포르투갈이 점령하였으나 1650년에는 무스카트의 포르투갈인을 몰아내고 전 지역에서 주도적인 세력이 된 오만의 아랍인들이 지배권을 확보하게 됩니다. 오만의 통치자 사이드 이븐 술탄은 1832년 오만의 수도를 무스카트에서 잔지바르로 이전합니다.

1861년 잔지바르는 오만으로부터 독립하게 됩니다. 이 때 잔지바르는 오만이 지배하던 아프리카의 광대한 영토를 지배하게 됩니다.

그러나 바르가쉬 술탄 시대에 영국과 독일은 아프리카 본토에 있는 잔지바르 영토의 대부분을 분할 점령하고 해안 지역에 대한 지배권을 확보하게 됩니다. 1890년 영국은 북해의 영국령 헬골란트 섬에 대한 영유권을 독일에 양도하고 그 대가로 잔지바르 섬에 대한 영국의 영유권을 인정받게 됩니다.

역사상 가장 짧았던 전쟁

1896년 8월 25일 잔지바르의 술탄 하마드 빈 투와이니가 사망하자 조카 할리드 빈 바르가쉬는 쿠데타로 권력을 장악하고 술탄의 지위에 오르게 됩니다. 영국 정부는 하무드 빈 무함메드를 술탄으로 공식 지지하고 바르가쉬의 퇴위를 요구합니다.

바르가쉬는 이를 무시하고 1896년 8월 27일 오전 9시 영국에 대하여 선전 포고를 합니다. 이 때 잔지바르가 보유한 군대는 2,800명 정도의 육군과 낡은 화물선을 개조한 군함 글래스고우Glasgow 1척이 전부였습니다.

❶ 탄자니아의 옛 수도로 탄자니아의 최대 도시 입니다.
❷ 케냐에서 두번째로 큰 도시로 코스트 주의 주도입니다.

잔지바르의 선전 포고를 접한 영국의 전함들은 오전 9시 2분 잔지바르를 향해 포격을 시작합니다. 잔지바르의 유일한 군함 글래스고우는 바로 침몰하고, 잔지바르 궁성도 영국 해군의 집중 포화에 파괴됩니다.

이에 바르가쉬는 독일 영사관으로 피신하고 보호를 요청하게 됩니다. 영국은 독일에 바르가쉬를 넘길 것을 요구했지만 바르가쉬는 해상으로 탈출하여 1916년 영국 정부에 붙잡힐 때까지 다르에스살람Dar es Salaam❶의 망명지에서 살았습니다. 그는 나중에 몸바사Mombasa❷에서 거주할 수 있도록 허가받았으며 1925년에 사망합니다.

38분만에 종료된 이 전쟁은 선전 포고라는 정식 절차를 거친 역사상 가장 짧았던 전쟁으로 기록되고 있습니다.

탕가니카와의 통합

1963년 잔지바르는 술탄국으로 독립을 하고 영국 연방의 일원이 됩니다. 그러나 1964년 좌익세력에 의한 반란으로 술탄국이 전복되고 공화국이 수립됩니다. 그해 4월 잔지바르는 이웃한 탕가니카Tanganyika와 통합하고 '탄자니아연합공화국'을 수립합니다.

잔지바르 섬

스톤 타운 잔지바르 섬에는 스톤 타운Stone Town이라는 곳이 있습니다. 스톤 타운은 섬의 서해안 삼각형의 땅에 세워졌으며 타운의 가장 오래된 부분은 집, 소매점, 시장, 모스크에 협소한 골목의 과밀한 주거지로 구성되어 있습니다.

잔지바르는 오랜 세월동안 아랍, 페르시아, 인도, 유럽, 아프리카 사이의 무역이 활발하게 이루어진 지역입니다. 이러한 환경으로 인해 잔지바르의 스톤 타운은 여러 문화들이 뒤섞이고 혼합된 독특한 문화 양식을 보여줍니다.

스톤 타운의 문화적 특색은 전체적인 도시 설계와 건축물들에서 가장 잘 나타납니다. 구불구불한 좁은 길들, 원형의 탑, 모스크 등이 관광객들에게 깊은 인상을 남겨줍니다.

스톤 타운은 그 역사적, 문화적, 자연적 가치와 지속적인 보존의 필요성을 인정받아 유네스코UNESCO에 의해 2000년 세계 유산World Heritage Site으로 지정되었습니다.

원숭이와 표범

잔지바르 붉은콜로부스Piliocolobus kirkii라는 원숭이와 잔지바르 표범Zanzibar Leopard은 잔지바르에만 서식하고 있습니다. 현재 잔지바르 붉은콜로부스는 멸종위기종으로 분류되고 있으며, 잔지바르 표범은 멸종된 것으로 알려져 있습니다. 잔지바르 붉은콜로부스는 1990년대 중반 잔지바르에서 종 보존을 위한 깃대종[3]으로 채택되기도 하였습니다.

[3] 깃대종(flagship species)이란 유엔 환경 계획이 만든 개념으로 특정 지역의 생태계를 대표할 수 있는 중요 동식물을 의미합니다. 우리나라의 경우 깃대종으로는 홍천의 열목어, 거제도의 고란초, 덕유산의 반딧불, 태화강의 각시붕어, 부천의 복사꽃 등을 들 수 있습니다.

프레디 머큐리

세계적인 영국의 록 밴드 퀸Queen의 리드 보컬이었던 프레디 머큐리(Freddie Mercury, 1946년-1991년)는 1946년 잔지바르에서 파로크 불사라Farrokh Bulsara라는 이름으로 영국 총독부 공무원의 아들로 태어났습니다.

그룹 퀸은 1970년 프레디 머큐리, 브라이언 메이Brian May, 존 디콘John Deacon, 로저 테일러Roger Taylor의 4명의 멤버로 결성된 그룹입니다.

1991년 11월 24일 프레드 머큐리는 런던에서 에이즈로 인한 기관지 폐렴으로 세상을 떠났습니다. 죽기 하루 전에 그는 에이즈에 걸린 사실을 고백하였습니다.

1992년 4월 20일 영국 런던의 웸블리 경기장에서는 그를 추모하기 위한 추모 공연이 열렸습니다. 이 공연에는 퀸의 나머지 멤버들과 엘튼 존Elton John, 데이빗 보위David Bowie, 조지 마이클George Michael, 익스트림Extreme, 건즈 앤 로지스Guns N' Roses 등의 음악가들이 참여하였습니다.

Tips

헬골란트 섬

헬골란트Helgoland 섬은 북해에 있는 섬으로 독일 해안에서 70km 떨어져 있습니다. 삼각형 모양을 한 1km² 넓이의 유인도인 본섬과, 동쪽에 작은 부속 섬인 뒤네Düne 섬으로 이루어져 있습니다. 1720년까지는 두 섬이 붙어있었으나, 폭풍우로 분리되게 됩니다.

원래 프리슬란트 목동들과 어부들이 살고 있었던 이 섬은 1402년에 슐레스비히홀슈타인 공작령이 되었다가 1714년에 덴마크의 소유가 되었습니다. 1807년 영국 해군이 점령한 이후 영국의 소유가 되었으나 1890년에 잔지바르를 포함한 여러 아프리카 영토와의 교환 조건으로 독일에게 양도되었습니다. 현재는 행정 구역 상 독일 슐레스비히홀슈타인 주에 속해 있습니다.

Likoma, Chizumulu

리코마와 치주물루

면적 18㎢ **인구** 1만 3천명

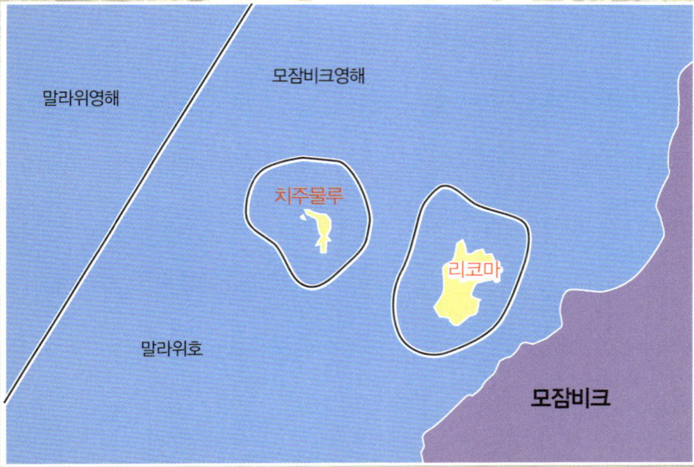

리코마Likoma 섬과 치주물루Chizumulu 섬은 말라위 호수Lake Malawi에 있는 섬으로 모잠비크 영해 내에 있는 말라위의 월경지입니다

말라위 호수와
리코마와 치주물루의 위치

말라위 호수 말라위 호수는 동아프리카 지구대 최남단에 위치한 호수로 말라위, 모잠비크, 탄자니아연합공화국에 걸쳐 있습니다. 말라위 호수는 수면 면적이 29,600km²에 달하며, 아프리카에서는 빅토리아 호수, 탕가니카 호수에 이어 세번째로 큰 호수입니다.[1]

빅토리아 호수 빅토리아 호수Lake Victoria는 아프리카에서 가장 큰 호수로 수면 면적만 68,800km²[2]입니다. 빅토리아 호수는 우간다, 케냐, 탄자니아연합공화국 등 3개의 나라에 걸쳐 있습니다.

1. 세계에서는 여덟번째로 큰 호수입니다.
2. 수면 면적을 기준으로는 82,400km²에 달하는 미국의 슈피리어 호수에 이어 세계에서 두번째로 큰 호수입니다.

1858년 나일 강의 원류를 찾던 영국 탐험가 존 해닝 스피크는 이 호수를 발견하고 빅토리아 여왕을 기리기 위해 호수이름을 빅토리아 호수로 명명하였습니다.

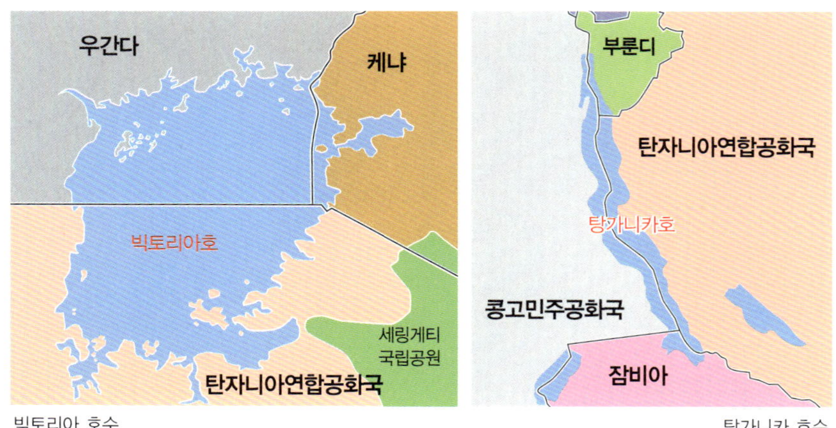

빅토리아 호수

탕가니카 호수

탕가니카 호수

탕가니카 호수Lake Tanganyika는 수면 면적만 32,900km² 이며 담수량과 깊이로 따질 때는 시베리아의 바이칼 호수 다음으로 큰 담수 호수입니다.[3] 탕가니카 호수는 부룬디, 잠비아, 콩고민주공화국, 탄자니아연합공화국 등 4개의 나라에 걸쳐 있는데, 그 중 콩고민주공화국(45%)과 탄자니아연합공화국(41%)에 속한 영역이 가장 큽니다. 탕가니카 호수는 아프리카 동부 지역에 위치하고 있음에도 불구하고 콩고 강을 따라 대서양으로 흘러갑니다.

[3] 담수량의 경우 바이칼 호수는 23,600km³, 탕가니카 호수는 18,900km³이며 깊이의 경우 바이칼 호수는 1,637m 탕가니카 호수는 1,470m 입니다.

말라위 말라위는 수도 릴롱궤Lilongwe와 27개 자치 행정 지역으로 구성되어 있는데, 그 중 하나가 리코마 지역Likoma district입니다. 리코마 지역은 리코마 섬과 치주물루 섬 등 2개의 섬으로 구성되어 있으며 리코마 섬에는 9천명, 치주물루 섬에는 4천명이 각각 살고 있습니다.

리코마 지역은 말라위 본토에서 식량의 대부분을 수입해 오며, 전기는 있으나 포장 도로는 없습니다.

리코마 지역이 모잠비크의 영해에 있음에도 불구하고 말라위의 영토가 된 이유는 말라위가 1964년 영국으로부터 독립하면서 영국의 식민지를 모두 영토에 포함시켰기 때문입니다. 모잠비크는 1975년 포르투갈로부터 독립하였습니다.

Cabinda

Exclave 24

카빈다

면적 7,823㎢ **인구** 35만 7천명(2006년 기준)

카빈다Cabinda는 콩고공화국과 콩고민주공화국 사이에 있는 앙골라Republic of Angola의 월경지입니다. 카빈다는 아프리카 대륙 대서양 연안 콩고 강 어귀 북쪽에 있으며 해안선의 길이는 90km, 가장 넓은 곳의 너비는 112km입니다.

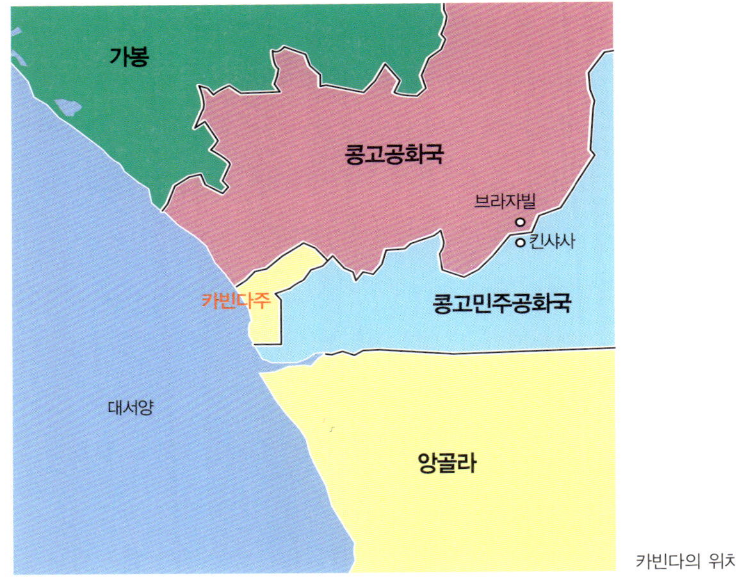

카빈다의 위치

역 사 15세기 경 카빈다 지역에는 3개의 작은 소왕국들이 자리잡고 있었습니다. 카빈다 남부 지역의 응고이Ngoy 왕국, 카빈다 중부 지역의 카콩고Kakongo 왕국 그리고 콩고 남서부 지역(카빈다 위쪽 지역)의 로앙고Loango 왕국이 그것입니다. 이들 소왕국들은 1400년 경에 반투 족이 건설한 콩고Kongo왕국의 지배를 받고 있었습니다.

15세기 포르투갈인들이 카빈다 지역에 진출한 이후 카빈다는 해외 무역의 중심지로 자리잡게 됩니다. 1885년 응고이 왕국과 포르투갈 사이에 체결된 시물란부코 조약Treaty of Simulanbuco에 의해 카빈다는 포르투갈 왕실의 보호령이 되고, 베를린 회의에서 유럽 열강들은 이를 공식적으로 인정하게 됩니다.

독립투쟁 1960년 루이즈 랑크 프랑크Luiz Ranque Franque는 카빈다해방운동Movement for the Liberation of the Enclave of Cabinda을 조직하여 포르투갈로부터의 독립 운동을 시작합니다. 1961년에는 앙골라에서도 포르투갈로부터 독립하기 위한 무장 투쟁이 전개되었습니다. 1963년 아프리카단결기구OAU는 카빈다와 앙골라를 각각 별도의 미독립국가로 등재하게 됩니다.

1975년 앙골라 해방운동단체는 포르투갈과 알보르 조약Treaty of Alvor을 체결하고 앙골라의 독립을 쟁취하게 됩니다. 이 조약에서는 카빈다를 앙골라에 병합시키기로 결정합니다.

카빈다의 독립 운동 단체들은 자신들이 배제된 알보르 조약을 무효로 주장하고 앙골라를 상대로 독립을 위한 무장 투쟁을 하게 됩니다.

1975년 앙골라에서는 좌익 세력과 우익 세력 사이에 내전이 발생하게 되고, 앙골라 문제를 해결하기 위해 열린 아프리카단결기구 정상 회담에서 랑크 프랑크는 카빈다공화국Republic of Cabinda의 독립을 선언합니다. 그러나 대부분의 회원국들은 이를 승인하지 않게 됩니다.

2006년 카빈다부흥해방전선과 앙골라 정부는 콩고공화국의 브라자빌에서 카빈다 주에 자치권을 부여하는 평화조약에 서명하고, 휴전 협정을 체결합니다. 그러나 카빈다의 다른 조직들은 이 휴전 협정에 대하여 무효를 주장하고 카빈다의 완전 독립만이 유일한 해결책이라고 주장하고 분리 투쟁을 지속하게 됩니다.

카빈다 독립 운동의 배경에는 카빈다 지역의 유전 지대가 있습니다. 앙골라는 이러한 카빈다의 원유를 포기하지 않으려 할 것이고, 카빈다는 원유로 인한 수입이 카빈다를 위해 제대로 사용되지 않는다는 불만을 갖고 있습니다. 현재 카빈다 주는 앙골라에서 가장 가난한 주에 속합니다.

Temburong

Exclave 25

템부롱

면적 1,166㎢ **인구** 9천 3백명

템부롱Temburong은 말레이시아와 브루나이 만에 의해 분리된 브루나이 왕국의 실질적 월경지입니다. 브루나이Negara Brunei Darussalam는 보르네오 섬 북쪽 해안에 있는 술탄 왕국으로 말레이시아의 사라왁 주에 둘러싸여 있습니다.

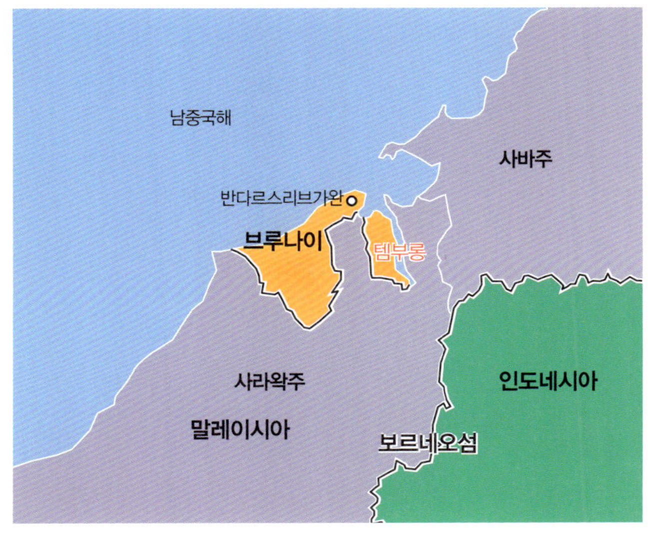

템부롱의 위치

역 사 7–8세기 경 브루나이 강 유역에는 무역 왕국이 존재하였으나 14세기에는 마자파힛Majapahit 왕국에게 점령당하게 되고, 15세기 중반에는 이슬람교가 전파되었습니다. 17세기 브루나이는 보르네오 섬 전역과 북부 필리핀 지역까지 그 영향력을 확대하게 됩니다.

1839년 영국인 탐험가 제임스 브룩James Brooke이 브루나이에서 발생한 반란들을 진압하자, 브루나이 술탄은 그를 사라왁Sarawak의 라자Raja로 임명하게 됩니다. 이 때 브루나이 술탄은 라자의 지위를 제임스 브룩의 자손들에게도 상속할 수 있도록 하는데, 이로써 아시아에 최초이자 마지막인 백인 왕이 등장하게 됩니다. 제임스 브룩은 조카 찰스 브룩Charles Brooke과 함께 영국의 보호령이 될 때까지 사라왁을 통치하였으며 결국은 사바Sabah까지 점령하게 됩니다.

보르네오 섬
북부지역

1888년 영국은 브루나이와 사라왁 및 사바를 보호령으로 선언하고, 1906년에는 모든 행정권을 장악하게 됩니다. 제2차 세계대전 당시에는 일본이 점령하기도 하였으나, 종전 이후에는 다시 영국의 보호령이 됩니다.

1959년 영국은 브루나이에게 자치권을 허용하고, 1962년 총선을 실시합니다. 이 총선에서 군주제를 반대하는 브루나이 인민당이 승리하게 되자 브루나이 국왕은 군주제를 더욱 확고히 합니다. 1984년 브루나이는 영국으로부터 독립하게 됩니다.

환 경 템부롱에는 면적이 500km²인 울루 템부롱 자연 공원이 바투 아포이Batu Apoi 산림 보호 구역에 위치해 있습니다. 이 곳은 다양한 종류의 동식물이 많이 서식하고 있어 생태 관광의 보고라 할 수 있습니다.

Oecussi-Ambeno

Exclave 26

외쿠시-암베노

면적 815㎢ **인구** 5만 7천명

외쿠시-암베노Oecussi-Ambeno는 인도네시아령 서티모르와 해안으로 둘러싸인 동티모르의 실질적 월경지입니다.
위쿠시와 암베노는 그 지역에 존재했던 왕국의 이름으로 암베노는 식민지 시절 이전까지 존재하였습니다. 외쿠시는 포르투갈이 티모르 섬에 처음 정착한 곳으로 동티모르의 발상지가 되었습니다.

외쿠시-
암베노의 위치

역 사 1556년 도미니카 수도사들은 티모르 북부 해안에서 처음으로 선교 사업을 시작하였습니다. 1641년 그들은 리파우Lifau 마을에 도착하고, 1650년대에는 포르투갈 정착촌이 건설됩니다. 포르투갈 후손을 토파즈Topasses라고 하는데, 이들은 1664년 이래로 다 코스타Da Costa 가문에 속하는 관리들에 의해 지배받게 됩니다.

1859년 포르투갈과 네덜란드는 리스본 조약Treaty of Lisbon을 체결하고 티모르 섬을 양분하여 서티모르는 네덜란드, 동티모르는 포르투갈이 각각 차지하게 됩니다. 이 때 외쿠시-암베노는 서티모르 지역에 있음에도 불구하고 포르투갈이 차지하게 됩니다.

1945년 인도네시아가 독립하면서 네덜란드령 서티모르는 인도네시아로 편입되었습니다. 포르투갈령 동티모르는 1974년 포르투갈로부터 독립을 선언하지만, 1975년 인도네시아에 의해 강제 병합됩니다.[1]

독 립 1998년 인도네시아의 수하르토 독재 정권이 몰락하고 새로운 정부가 들어서면서 동티모르에 주둔하고 있던 인도네시아 군대가 철수하게 됩니다. 1999년 1월 동티모르는 인도네시아로부터 자치권을 획득하였으며, 8월에는 국민 투표[2]를 실시하여 독립을 결정하게 됩니다. 2002년 5월 20일 동티모르Timor Leste는 인도네시아로부터 독립하게 됩니다.

[1] 오스트레일리아는 1979년 2월 세계 최초로 인도네시아의 동티모르 강제 병합을 승인하였습니다.

[2] 투표율은 98.5%이며 투표자의 78.5%가 독립에 찬성하였습니다.

Exclave 27

Jervis Bay

저비스 베이

면적 67㎢ **인구** 495명

저비스 베이Jervis Bay는 오스트레일리아의 뉴사우스웨일즈 주에 위치한 준주입니다. 과거에는 오스트레일리아 수도 준주의 월경지이기도 했습니다.

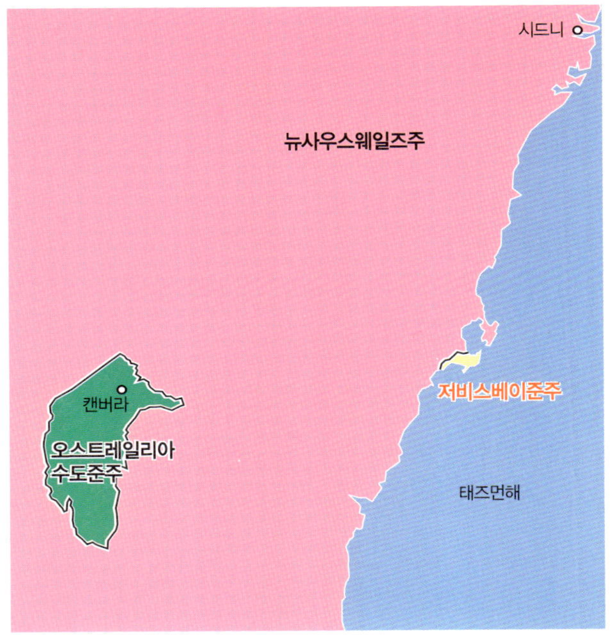

저비스 베이의 위치

역 사 오스트레일리아는 6개의 주와 3개의 준주로 이루어진 연방 국가로 1901년 영국으로부터 독립하였습니다. 오스트레일리아는 독립과 함께 중립적인 지역에 수도를 건설하기로 합니다. 양대 도시인 시드니와 멜버른의 타협 끝에 1911년 뉴사우스웨일즈에 속해 있는 지역을 연방영토로 할양하고 수도를 건설하기로 합니다.

1913년 연방수도법이 통과된 이후 수도 캔버라를 중심으로 하는 지역의 연방 영토를 오스트레일리아 수도 준주Australian Capital Territory로 승격시킵니다. 수도 준주는 뉴사우스웨일즈 주의 영토에 둘러싸여 있는 위요지입니다.

수도 준주는 바다로의 접근을 용이하게 하기 위하여 뉴사우스웨일즈 주로부터 저비스 베이를 구입하게 됩니다. 저비스 베이는 영국 제독이며 세인트 빈센트 1세 공작 존 저비스John Jervis, 1st Earl of St. Vincent의 이름에서 유래하였습니다.

저비스 베이는 1989년 수도 준주가 주 자치 정부를 세우고 국토부 장관에 의해 분리될 때까지 수도 준주의 한 부분으로 남아있었습니다.

지 리 저비스 베이는 남북 16km, 동서 10km의 항구로, 시드니 남쪽 150km, 뉴사우스웨일즈의 남쪽 해안에 위치하고 있습니다. 저비스 베이에는 인구 250명의 저비스 베이 빌리지Jervis Bay Village, 인구 30명의 그린패치Greenpatch 및 인구 215명의 렉 베이 빌리지Wreck Bay Village라는 3개의 작은 마을이 있습니다.

저비스 베이 준주는 아직도 수도 준주가 대부분의 문제를 담당하고 있습니다. 저비스 베이의 주민들은 수도 준주 법원에 설 수 있으나, 수도 준주 양원 의회에는 저비스 베이 준주를 대표해 나올 수는 없습니다. 저비스 베이 준주는 연방 하원의 경우 수도 준주의 프레이저 선거구에 포함되어 있으며, 연방 상원의 경우에도 수도 준주에 포함되어 있습니다.

Copacabana

Exclave 28

코파카바나

면적 346.5㎢ **인구** 6,000명(2006년 기준)

코파카바나Copacabana는 남아메리카의 티티카카 호수에 위치해 있는 볼리비아 영토로 라파스 주에 속해 있습니다. 볼리비아 영토이기는 하지만, 볼리비아 본토와는 티티카카 호수의 티키나 해협으로 분리되어 있습니다. 따라서 코파카바나는 페루에서만 육로로 접근 할 수 있는 볼리비아의 실질적 월경지입니다

티티카카 호수와
코파카바나의 위치

티티카카 호수

티티카카 호수El lago Titicaca는 남아메리카의 페루와 볼리비아 사이에 있는 세계에서 가장 높은 호수로 해발 3,182m에 위치하고 있습니다.

티티카카 호수는 알티플라노 고원에 있으며 페루의 푸노 지방 동쪽, 볼리비아 수도인 라파스La Paz 서쪽에 있습니다. 티티카카 호수는 남쪽에 좀 더 작은 호수 우이냐이마르카Lago Huinaimarca와 티키나 해협으로 연결되어 있습니다. 티티카카 호수의 물은 강우와 빙하에서 흘러나오는 물로 충당되는데, 지구 온난화의 영향으로 수량이 줄어들고 있어 환경 단체의 관심이 높아지고 있습니다.

태평양 전쟁

볼리비아는 남아메리카에서 바다로 진출하는 통로가 없는 내륙국Land locked country[1]입니다. 볼리비아는 원래 바다로 진출하는 통로가 있었으나 칠레와의 전쟁으로 인하여 바다로 가는 통로를 상실하게 되었습니다.

태평양 전쟁은 볼리비아가 칠레의 초석[2] 수출 회사에 수출 관세를 강화한 것이 발단이 되어 1879년 발발하였습니다. 이에 칠레는 안토파가스타 항구에 군사적 조치를 취하게 되며 볼리비아는 페루와 군사 동맹을 맺고 칠레와의 전쟁을 수행합니다.

군사력은 볼리비아와 페루의 동맹군이 칠레보다 우월하였지만 미국과 유럽 각국의 개입으로 전쟁에서는 칠레가 승리하게 됩니다. 1883년과 1884년의 평화 협정을 통해 칠레는 안토파가스타, 타라파카, 아리카, 타크나를 병합하게 되었으며, 1904년에는 이러한 협정을 영구화하는 조약을 체결하면서 볼리비아는 태평양으로 진출하는 해안 지대를 모두 상실한 내륙국이 됩니다. 1929년 타크나는 페루로 반환됩니다.

❶ 남아메리카에는 바다로 진출할 수 없는 내륙국이 볼리비아와 파라과이 단 두 나라만 있습니다.
❷ 초석(saltpeter)은 질산나트륨($NaNO_3$)을 말하며, 자연에서 얻을 수 있는 비료와 화약의 주원료입니다.

검은 성모상

코파카바나는 남아메리카에서 가장 중요한 가톨릭 순례지입니다. 17세기에 세워진 흰색의 거대한 가톨릭 성당은 볼리비아에서 가장 아름다운 성당이며, 성당 안에는 검은 얼굴을 한 성모상이 있습니다.

검은 성모Black Madonna상은 1592년 이 지역 어부가 자신을 보호해준 것에 감사해 검은 나무에 성모의 모습을 조각한 것이라고 합니다. 이 검은 성모상은 수많은 기적을 일으킨 것으로 유명하며, 볼리비아는 물론 세계 각지에서 많은 순례자들이 줄을 잇고 있습니다.

잉카 유적

코파카바나는 잉카 유적지로 유명한 '태양의 섬Isla del Sol'과 '달의 섬Isla del la Luna'으로 향하는 배가 출발합니다. 태양의 섬은 잉카 문명의 기원이 되는 섬으로 알려져 있으며, 섬에는 섬을 남북으로 가로지르는 트래킹 코스가 있습니다.

Saint-Martin

Exclave 29

생 마르탱

면적 53.2㎢ **인구** 3만 6천명(2010년 기준)

생 마르탱Saint – Martin은 카리브 제도Caribbean에 위치한 프랑스의 해외 공동체로 세인트 마틴 섬의 북쪽 부분과 인근 섬들로 구성되어 있습니다.
세인트 마틴 섬의 남쪽 부분은 신트마르턴Sint Maarten이라고 하는데, 이 지역은 네덜란드령 안틸레스에 속하는 네덜란드의 해외 영토입니다.

역 사 1493년 11월 11일 크리스토퍼 콜럼버스는 세인트 마틴 섬에 정박하고 섬의 이름을 산 마틴San Martin으로 명명하였습니다.

1620년대 네덜란드는 소금을 얻기 위하여 세인트 마틴 섬의 소금 연못Great Salt Pond을 정기적으로 왕래하기 시작하였습니다. 18세기 이 지역에 프랑스 개신교도들과 네덜란드 유대인들에 의해 사탕수수 농장들이 개발되면서 아프리카 노예들이 대거 유입됩니다.

19세기 초반 노예 제도가 폐지되자 노예들을 대체하기 위하여 중국인들과 동인도인들이 유입됩니다. 그래서 이 지역의 주민들은 대부분 아메리카 원주민, 유럽인, 아프리카인, 인도인 및 아시아인들의 혼혈들입니다.

네덜란드령 안틸레스 네덜란드령 안틸레스는 5개의 섬으로 구성되어 있습니다. 이들 섬은 각각 보네르Bonaire 섬, 사바Saba 섬, 신트마르턴, 신트외스타티위스Sint Eustatius 섬, 퀴라소Cura?ao 섬입니다. 이 중 보네르 섬은 스쿠버다이빙으로 유명하며, 섬 동쪽 지역인 라끄베이Lac Bay는 윈드 서핑의 천국입니다.

2007년 7월 1일부터 네덜란드령 안틸레스 중 신트마르턴과 퀴라소 섬은 해외 영토로 남고, 나머지 섬들은 네덜란드 왕국의 직할령이 될 예정이었으나 무기한 연기되었습니다.

전설 1648년 3월 23일 프랑스와 네덜란드는 세인트 마틴 섬을 분할하는 콘코르디아 조약Treaty of Concordia을 체결합니다. 섬의 경계를 나누는 것과 관련해서는 많은 이야기가 전해지지만 가장 유명한 이야기는 다음과 같습니다.

프랑스 지역과 네덜란드 지역에서는 각각 한 명을 뽑아서 섬의 끝에서 등을 대고 있게 합니다. 그들은 해안선을 따라 반대편으로 걷는데 달리면 절대로 안됩니다. 그들이 다시 만나는 점에서 섬의 경계선이 그어졌는데, 프랑스 지역에서 뽑힌 사람이 네덜란드 지역에서 뽑힌 사람보다 더 빨리 걸었던 것 같습니다. 섬 내의 프랑스 지역은 54km²이며, 네덜란드 지역은 34km²입니다.

프랑스 지역에서 뽑힌 사람은 경주를 잘하기 위하여 와인을 먹었으며, 네덜란드 지역에서 뽑힌 사람은 맥주를 먹었다고 합니다. 프랑스 지역의 사람들은 경주 전에 먹은 음료의 가벼움의 차이가 경계선의 차이로 나타났다고 주장하였지만, 네덜란드 지역의 사람들은 프랑스 지역에서 뽑힌 사람이 걷지 않고 달렸다고 비난하였습니다.

언어 섬의 인구는 7만 3천명(2010년 기준)이며, 이 중 3만 7천명은 네덜란드 지역에, 3만 6천명은 프랑스 지역에 거주하고 있습니다. 섬이 프랑스령과 네덜란드령으로 되어 있음에도 불구하고 이 지역의 주된 언어는 영어입니다.

Point Roberts

Exclave 30

로버츠 곶

면적 12.65㎢ **인구** 1,308명(2000년 기준)

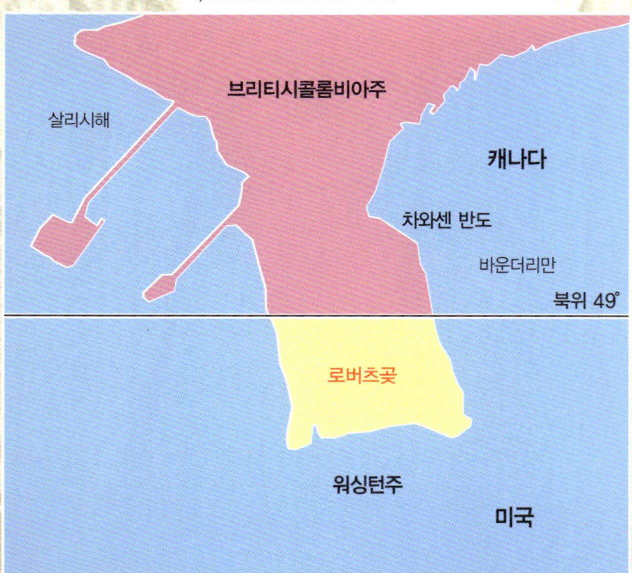

로버츠 곶Point Roberts은 미국 워싱턴 주의 왓컴 카운티에 속해 있으나 캐나다에서만 육로로 접근할 수 있는 실질적 월경지입니다.

로버츠 곶은 캐나다 브리티시컬럼비아 주의 밴쿠버 다운타운에서 35km 남쪽, 차와센 반도Tsawwassen Peninsula의 끝부분에 위치해 있습니다. 남북으로는 3km, 동서로는 5km 입니다.

로버츠 곶의 위치

역 사 로버츠 곶을 처음 발견한 유럽인들은 1791년 프란시스코 드 엘리자Francisco de Eliza 탐험대였습니다. 탐험대는 이곳을 육지라고 생각하지 않고 섬이라고 생각하였습니다.

1792년 스페인의 디오니시오 알칼라 갈리아노Dionisio Alcala Galiano 탐험대는 바운더리 만Boundary Bay을 발견하고는 로버츠 곶이 섬이 아니라는 것을 알게 됩니다. 갈리아노 탐험대는 로버츠 곶 근처를 항해하던 중 영국의 조지 밴쿠버George Vancouver 탐험대를 만나게 됩니다. 조지 밴쿠버는 탐험대를 조직해 준 친구 헨리 로버츠Henry Roberts의 이름을 따 이곳을 로버츠 곶이라고 명명합니다.

오리건 협정

1818년 이래 오리건 지역[1]은 미국과 영국의 공동 영토로 인정됐으나 미국의 서부 개척민이 급증하면서 영유권에 대한 분쟁이 발생하였습니다. 1846년 미국과 영국은 오리건 협정Oregon Treaty을 체결하여 북위 49°를 경계로 하여 남쪽은 미국이, 북쪽은 영국이 차지하기로 합니다. 북위 49°를 경계로 하는 경우에는 영국인들이 정착하고 있는 밴쿠버 섬Vancouver Island이 분할되는 문제가 있어 밴쿠버 섬에 대해서만 예외를 인정하여 영국의 영토로 하게 됩니다. 하지만 산 후안 섬의 경우에는 어디로 귀속할 지 정하지 못한 채 협상을 종료하게 됩니다.

[1] 미국의 오리건 주를 의미하는 것이 아니라 로키산맥에서 태평양 연안 사이의 북위 42° -54°41′ 에 걸쳐 있는 지역을 말합니다.

산 후안 섬의 돼지 전쟁

산 후안San Juan 섬은 밴쿠버 섬과 미국 워싱턴 주 사이에 위치하여 있는 섬입니다. 1859년 산 후안 섬에서는 미국인 농부가 자신의 감자 밭을 파헤치는 돼지 한 마리를 총으로 쏴 죽이는 사건이 발생합니다. 이 돼지는 영국의 허드슨 베이 컴퍼니Hudson bay's company 소유였기 때문에 분쟁이 발생하게 됩니다.

이에 미국과 영국은 자국민 보호를 명분으로 섬에 군대를 파견하고 12년간 대치하게 됩니다. 1872년 10월 21일, 독일 황제 빌헬름 1세는 양측의 국경 협상을 중재했고, 그 결과 산 후안 섬은 미국령으로 귀속되게 됩니다.

산 후안 섬의 위치

고립된 영토

오리건 조약은 북위 49°를 국경으로 정하였지만 그 기준은 자세한 조사를 통한 것이 아니었습니다. 따라서 나중에 국경획정위원회Boundary Commission의 조사를 통해 영국 정부는 로버츠 곶이 미국 영토로부터 고립되었다는 것을 알게 됩니다.

이에 따라 영국 국경획정위원회는 미국 측에 로버츠 곶을 영국에 양도할 것을 요청하고 국경의 변경을 통한 동등한 보상을 하겠다고 제안합니다. 이에 미국 국경획정위원회가 어떠한 반응을 보였는지는 알려져 있지 않지만 로버츠 곶은 미국의 영토가 되었습니다.

1949년 로버츠 곶을 캐나다로 할양하는 회담이 진행되기도 하였지만 성과없이 종료됩니다. 1973년 가뭄으로 물 부족 사태가 일어나자 로버츠 곶의 미국 주민과 캐나다 주민 사이에 긴장감이 형성되기도 하였습니다.

Exclave 31

Northwest Angle

노스웨스트 앵글

면적 318㎢ **인구** 152명(2000년 기준)

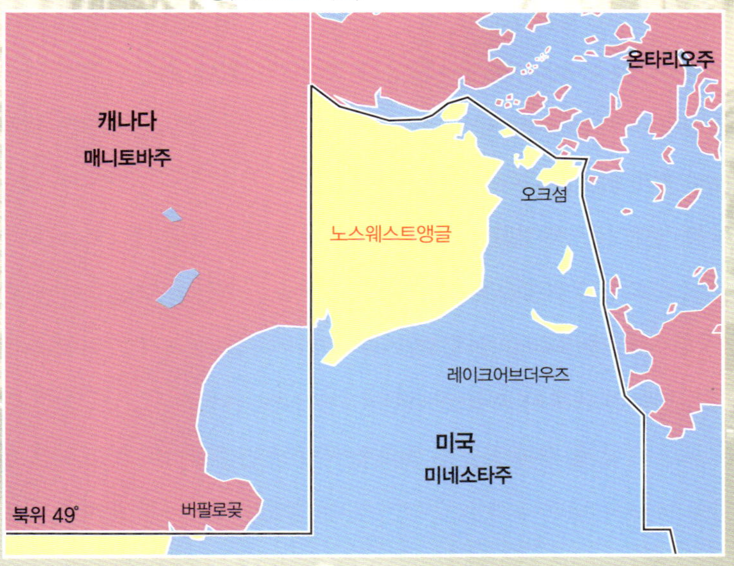

노스웨스트 앵글Northwest Angle은 미국 미네소타 주의 레이크 오브 더 우즈 카운티에 속해 있으나 캐나다에서만 육로로 접근할 수 있는 실질적 월경지입니다.

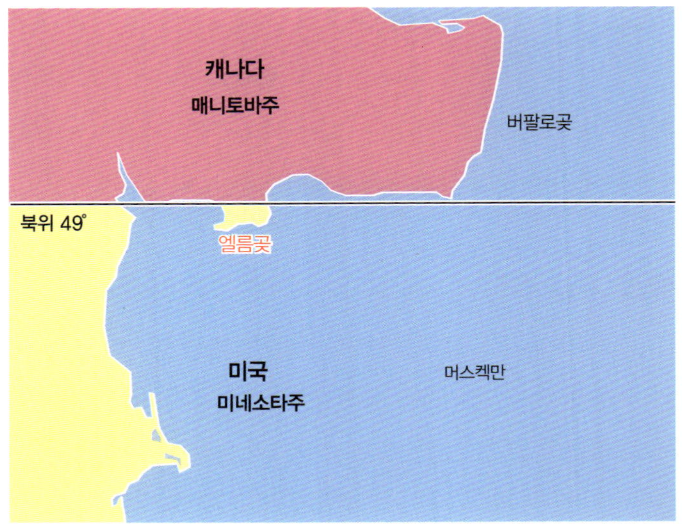

엘름 곶의 위치

실질적 월경지

노스웨스트 앵글은 섬이 아니면서 육로로 접근할 수 없는 미국의 실질적 월경지 4곳[1] 중 한 곳입니다. 또한 노스웨스트 앵글은 미국 본토 중에서 북위 49°보다 북쪽에 위치한 유일한 지역입니다.

엘름 곶Elm Point도 미국 미네소타 주의 레이크 오브 더 우즈 카운티Lake of the Woods County에 속해 있으나 캐나다에서만 육로로 접근할 수 있는 실질적인 월경지입니다.

[1] 로버츠 곶, 엘름 곶, 노스웨스트 앵글 및 올버그입니다.

마지막 공립학교 노스웨스트 앵글은 오크 섬Oak Island 등 몇 개의 섬과 2개의 작은 곶Cape을 포함하고 있습니다. 이 지역의 70%는 레드레이크 인디언 보호 구역Red Lake Indian Reservation으로 지정되어 있으며, 교실이 하나뿐인 마지막 공립 학교가 있습니다.

캐나다 연방에의 가입 주장 캐나다 온타리오 주 법률에 따르면 미국 어부는 온타리오 주에 거주하지 않는 한 온타리오 주에서 잡은 물고기는 가져갈 수 없었습니다. 이에 따라 1997년 노스웨스트 앵글의 일부 주민들은 캐나다로의 병합을 주장하였으며 다음해 미국 하원 의원 콜린 피터슨은 노스웨스트 앵글 주민들이 이를 결정할 수 있게 하는 헌법 개정안을 제안하기도 하였습니다. 법적 소송이 시작되자 캐나다 온타리오 주에서는 당해 법률을 폐기합니다.

Exclave 32

Alburgh

올버그

면적 75.9㎢ **인구** 1,952명(2000년 기준)

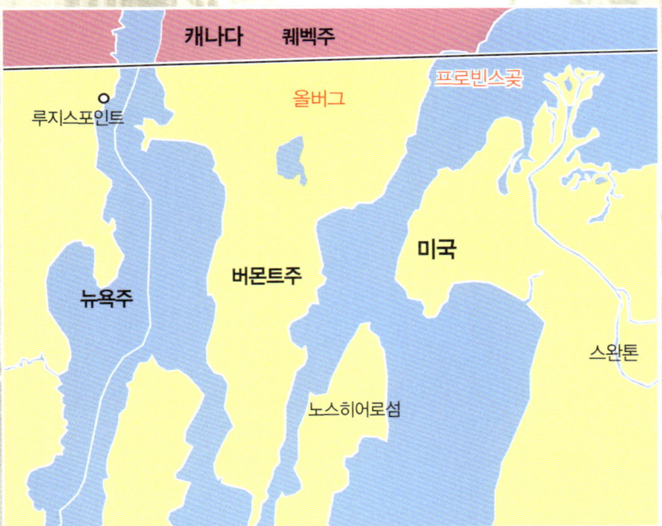

올버그Alburgh는 미국 버몬트 주의 그랜드 아일 카운티Grand Isle County에 속하는 캐나다에서만 육로로 접근할 수 있는 미국의 실질적 월경지입니다.

지 형 올버그는 동쪽으로는 버몬트 주의 스완튼Swanton, 서쪽으로는 뉴욕주의 루지스 포인트Rouses Point, 남동쪽으로는 노스히어로 섬North Hero 섬과 각각 교량으로 연결되어 있습니다.[1] 북쪽으로는 캐나다의 퀘벡 주와 유일하게 육로로 연결되어 있습니다.

[1] 이러한 이유로 올버그는 실질적 월경지가 아닙니다.

철자 변경 올버그는 1891년 미국지명위원회United States Board on Geographic Names의 권고로 철자를 Alburgh에서 Alburg로 수정합니다. 이러한 권고는 –burgh를 –burg로 표준화하기 위한 것입니다. 피츠버그의 경우도 Pittsburgh에서 Pittsburg로 변경되었었습니다. 2006년 4월 버몬트 도서위원회Vermont Board of Libraries는 올버그의 철자를 Alburg에서 다시 원래의 Alburgh로 수정하자는 제안을 승인합니다.

또 다른 실질적 월경지 올버그 반도의 오른쪽 끝 부부에 있는 프로빈스 곶Province Point도 캐나다에서 육로로 밖에 접근할 수 없는 미국의 영토로 실질적 월경지입니다.

Exclave 33

St. Regis

생 레지스

생 레지스St. Regis는 미국 뉴욕 주 프랭클린 카운티의 모하크 인디언 보호구역Mohawk Indian Reservation에 속해 있습니다. 생 레지스는 캐나다 퀘벡 주에 속해 있지만 미국에서만 육로로 접근할 수 있는 실질적 월경지입니다.

인디언 보호 구역

생 레지스 모하크 인디언 보호 구역은 캐나다의 온타리오 주 및 퀘백 주에 걸쳐있는 아켄사스 인디언 보호구역Akwesasne Reserve에 인접해 있습니다. 이들 지역은 모하크 족이 거주하는 지역입니다.

1794년 제이 조약Jay Treaty에 따라 모하크 인디언은 미국과 캐나다의 국경을 자유로이 왕래할 수 있습니다. 이들 보호구역은 세인트로렌스 강과 북위 45°를 경계로 미국령과 캐나다령으로 각각 구분됩니다.

모하크 족은 이로쿼이Iroquois 족의 하나로, 이로쿼이 족은 북아메리카 원주민으로 이로쿼이어에 속한 언어를 쓰는 부족들을 말합니다. 이로쿼이 족은 오대호 주변의 광활한 지역에서 살았으나 남동쪽의 저지대와 애팔래치아 고원 지대에 사는 부족들도 있었으며, 모하크 족은 이 중 가장 동쪽 지역에 살던 부족입니다.

이로쿼이 연맹

17−18세기 북아메리카를 차지하기 위한 영국과 프랑스의 전쟁 중에 이로쿼이 족은 이로쿼이 연맹Iroquois Confederacy을 결성합니다. 이로쿼이 연맹에는 모하크 족, 오나이다 족, 오논다가 족, 카유가 족, 세네카 족 등 모두 5개의 부족이 참여하였으나 나중에 투스카로라 족이 참여하게 됩니다.

미국 독립 전쟁 동안 이로쿼이 연맹에 속한 부족 중 오나이다 족과 투스카로라 족은 미국을 지지한 반면, 나머지 부족들은 나이아가라 지역의 영국인들을 위해 싸웠습니다. 1784년 스탠윅스 요새 2차 조약에서 패배를 인정한 후 이로쿼이 연맹은 사실상 해체되었습니다.

10년 후 카넌데이구아에서 맺은 조약을 통해 이로쿼이 연맹과 미국 정부는 각자 이미 양도했거나 보유하고 있는 영토에서 서로 간섭하지 않기로 약속하였습니다. 6개 부족 가운데 오논다가 족, 세네카 족, 투스카로라 족은 뉴욕에 남아 결국 인디언 보호 구역에 정착하였으며, 모하크 족과 카유가 족은 캐나다에 정착하였고, 오나이다 족은 위스콘신으로 이주하였습니다.

안젤리나 졸리 미국의 영화 배우 안젤리나 졸리Angelina Jolie Voight는 이로쿼이 족의 후손으로 알려져 있습니다.

엮은이

김 영 덕

남들이 생각하지 못한 세계에 주된 관심을 갖고 있다.
다수의 회계서적을 저술하고 관련 지식을 강의하고 있으며,
jone's club의 회원이다.

twitter : @jone_kim
blog : dark side of the moon 자유로운 생각을 쓰다.
(http://blog.daum.net/jone_kim)

엑스클레이브 Exclave

발행일 | 2011년 8월 18월 1판 1쇄 인쇄

엮은이 | 김영덕
펴낸이 | 유배숙
디자인 | 씨엘
지 도 | 서명숙
펴낸곳 | 도서출판 다임

주 소 | 서울특별시 마포구 망원동 377-1 마포로얄프라자 701호
전 화 | (02) 3142-8500
팩 스 | (02) 3142-8509

ISBN 978-89-92828-29-1 03900